TEXTE UND MATERIALIEN
FÜR DEN UNTERRICHT

Deutsche Literatur des Mittelalters

Für die Sekundarstufe herausgegeben
von Rüdiger Brandt

Philipp Reclam jun. Stuttgart

RECLAMS UNIVERSAL-BIBLIOTHEK Nr. 9568

Veränderte und bibliographisch ergänzte Ausgabe 1996,
bibliographisch ergänzte Ausgabe 1996
Gesamtherstellung: Reclam, Ditzingen. Printed in Germany 2008
RECLAM, UNIVERSAL-BIBLIOTHEK und
RECLAMS UNIVERSAL-BIBLIOTHEK sind eingetragene Marken
der Philipp Reclam jun. GmbH & Co., Stuttgart
ISBN 978-3-15-009568-3

www.reclam.de

Inhalt

Vorwort

Die Behandlung mittelalterlicher Texte im Schulunterricht unterliegt mittlerweile einem besonderen Rechtfertigungszwang. Dies ist im Prinzip sicher zu begrüßen – zwingt doch die Verteidigungsposition zur dauernden Überprüfung auch der eigenen argumentativen Basis, von der aus ein Platz für solche Texte im Unterricht beansprucht wird; und so möchte man denn auch manchen anderen Fächern und Lerninhalten einen solchen Rechtfertigungszwang wünschen. Sollte man also einerseits ohne Einschränkung bereit sein, sich der Frage nach dem Verhältnis von Aufwand und Nutzen zu stellen, so ist doch andererseits vor dem Fehlschluß zu warnen, Texte einer weiter zurückliegenden Vergangenheit ließen nur inaktuelle Fragestellungen zu. Eine Einstellung wie »Die Auseinandersetzung mit Dichtung ist besonders dann völlig überflüssig, wenn es sich um veraltete Dichtung handelt« (H. J. Grünwaldt) oder die Unterwerfung unter solche Einstellungen zeugen von einem Literatur- und vor allem Geschichtsverständnis, das bezüglich unreflektierter Normativität kaum hinter einer Literaturwissenschaft Gottschedscher Provenienz zurücksteht. Freilich haben sich die Auswahlkriterien gewandelt; aber was geblieben ist, das ist die Einstellung, man könne zugunsten apriorischer Ziele ganze Teile von potentiellen Untersuchungsobjekten einfach vernachlässigen – was zu einem rigiden Dogmatismus und letztlich zu einem neuen Konservativismus sui generis führt. Funktion, Ausprägung und Zweck von Fiktionalität; Wechselbeziehungen zwischen Literatur und Gesellschaft; soziale Relevanz und soziale Bedingtheit von Sprache; Tradition und Fortschritt; konservierende, affirmative oder kritische Wirkung von Texten und anderes mehr: das sind Themen, die sich in der Literatur früherer Epochen u. U. viel deutlicher, weil direkter und unverhüllter zeigen. So gesehen lassen gerade neue und neueste Forderungen an den Deutschunterricht prinzipielle Zweifel am

›Lernwert‹ mittelalterlicher Literatur nicht zu. Daß sich die damit verbundenen Inhalte oft mit denen decken, die aus geschmäcklerischen, offen ideologischen oder auch nur gewohnheitsmäßigen Gründen als nicht in Frage zu stellendes ›Kulturgut‹ deklariert worden sind (und werden), ist eher ein zusätzlicher Grund, sie nicht auszuklammern.
Sieht man sich Richtlinien und Empfehlungen für den Deutschunterricht an, dann stellt man fest, daß mittelalterlicher Literatur durchaus der aus den obengenannten Überlegungen resultierende Platz zugewiesen wird. Ein Problem stellt die Textbeschaffung dar. Lesebücher bieten (notgedrungen) nur eine äußerst schmale Textauswahl an; eine solche Beschränkung erschwert die Realisierung der gewünschten Ziele, ja macht sie vielleicht sogar unmöglich: die Feststellung, Kenntnis der Vergangenheit sei wichtig zum Verständnis der eigenen Gegenwart, läßt sich nicht einlösen mit einer Exempelauswahl, die eben diese Vergangenheit nur unvollständig erkennen läßt. Die Benutzung vollständiger Textausgaben, wie etwa der in den Literaturhinweisen aufgeführten, wird als *Einstieg* in den Themenbereich nicht zu empfehlen sein, da die notwendig speziellen Probleme eines Einzeltextes ebenso die Perspektive verzerren – womit auch hier wieder der eigentliche Zweck nicht erreicht würde. Wenn die Einbeziehung mittelalterlicher Literatur in den Schulunterricht also nicht zu einer punktuellen und damit vielen Zufälligkeiten unterworfenen Konfrontation mit Literatur führen soll, die letztlich den Eindruck einer exotischen Beschäftigung ohne Verbindung zur Gegenwart erweckt, dann stellt sich die Forderung nach einem Sammelband. Der hier vorgelegte nimmt im Rahmen der »Arbeitstexte für den Unterricht« vorerst eine Sonderstellung ein: er hat gegenüber den anderen Bänden der Reihe thematisch und zeitlich ein viel breiteres Spektrum zu vertreten. Setzen letztere bei Lehrern und Schülern schon die bewußte Entscheidung für ein spezielleres Thema voraus, soll *Deutsche Literatur des Mittelalters* einmal selbst zur Themenfindung anregen, zum anderen aber auch in gewis-

sen Bereichen zunächst nur zeigen, daß es bestimmte Gattungen, Motive, Themen, Probleme auch schon in der Literatur des Mittelalters gegeben hat.

Zur Textauswahl

Wurde oben von der begrenzten Textauswahl in Lesebüchern gesprochen, so wäre es natürlich illusorisch zu behaupten, die hier vorgelegte Auswahl würde keinen Beschränkungen unterliegen. Trotzdem darf der Herausgeber nicht darauf verzichten, eine gewisse Repräsentativität anzusteuern und für das Ergebnis auch zu beanspruchen – was hiermit geschieht: Wert gelegt wurde darauf, daß die wichtigsten Gattungen genauso vertreten sind wie die drei wichtigsten Verfasserschichten (Geistlichkeit, Adel, Bürgertum). Aus beidem ergibt sich dann eine (allerdings weniger starke) Repräsentanz dominanter Themen, ein Zusammenhang, der sicher auch im Unterricht zu problematisieren sein dürfte. Daß *innerhalb* der Auswahl Ungleichgewichte auftreten, versteht sich durch den vorgegebenen Rahmen von selbst; so hat etwa die Themengruppe VI (»Themen und Anlässe«) einen gewissen ›Restklassencharakter‹. (Zur genaueren Übersicht über die Textanordnung vgl. Arbeitsvorschläge, S. 187 f.)

Zur Gestaltung der Originaltexte

Die Originaltexte folgen im wesentlichen den maßgeblichen Ausgaben, auf welche sich auch die Versangaben beziehen (s. Literaturhinweise 1). Ich habe jedoch daneben fast immer noch andere Ausgaben benutzt und mich auch der Variantenapparate relativ freizügig bedient. Das Produkt ist also (philologisch-textkritisch gesehen) oft ein durchaus künstlicher Text – nicht anders als in manchen der ›maßgeblichen Ausgaben‹ (so etwa Bartschs Edition von Strickers *Karl* und Lachmanns Walther-Ausgabe). Der Sinn der Freiheiten, die ich mir genommen habe, liegt einfach darin, auch die Texte

im Original soweit wie möglich verständlich zu machen. Daher wurden etwa manche Kontraktionen, Synkopen und Apokopen aufgelöst bzw. vervollständigt ohne Rücksicht auf die Metrik. Solche Verfahren fanden natürlich ihre Grenze an der Belegbarkeit von Formen. Es kam eben darauf an, den Texten ihre Fremdheit nicht zu nehmen und doch ihre Erschließung zu erleichtern.
Freiheiten habe ich mir besonders erlaubt bei den jeweils ältesten und jüngsten Texten dieser Ausgabe. So wurde etwa im Otfried-Text ›th‹ als ›d‹ wiedergegeben, obwohl sich gerade im Rheinfränkischen das ›d‹ erst nach 900 vollständig durchgesetzt und sich anlautendes ›th‹ am längsten gehalten hat. ›uu‹ wurde durchgängig als ›w‹ wiedergegeben, womit ich die Schreibweise vieler Grammatiken und Wörterbücher teile. Auf die Unterschiede in der Lautung wäre dann gegebenenfalls durch den Lehrer hinzuweisen.
Mundartliche Einsprengsel wurden z. T. normalisiert.
Die Interpunktion wurde im Sinne einer Hilfestellung ausgebaut und gegenüber gängigen Ausgaben teilweise beträchtlich verändert.
Auslassungen im fortlaufenden Text wurden durch [...] gekennzeichnet.
Für Walthers »Ein man verbiutet âne phliht« habe ich mich an der Textherstellung Wapnewskis orientiert (Der Sänger und die Dame. Zu Walthers Schachlied. Zuletzt abgedruckt in: P. Wapnewski, Waz ist minne. 2. Aufl. München 1979).

Zur Übersetzung

Dem Verwendungszweck dieser Ausgabe entsprechend konnte die Übersetzung weder poetisierend verfahren noch solchen Übersetzungstheorien immer folgen, die zuweilen eine weit ausholende, umschreibende neuhochdeutsche Wiedergabe verlangen. Sarans Empfehlung, in der Übersetzung jeden Gleichklang mit dem Original zu vermeiden (F. Saran/B. Nagel: Das Übersetzen aus dem Mittelhochdeutschen. Tübingen 1964) kann nicht als unumschränkt sinnvoll gelten: ein solches Verfahren mag im Rahmen von Übersetzungsübungen förderlich sein – aber dazu ist diese Ausgabe nicht gedacht. Mir kam es darauf an, für Schüler die Übersetzung im Vergleich mit dem Original, soweit wie es irgend möglich und zu vertreten war, einsehbar zu machen. Daß dies bei Begriffen wie ›vrouwe‹, ›tugent‹, ›reht‹, ›êre‹ und vielen anderen nicht oder nicht ohne weiteres geht, versteht sich; solche Begriffe zu behandeln, ist Sache des Unterrichts. Im übrigen werden die Kriterien für ›Einsehbarkeit‹ natürlich sehr individuell ausfallen. Andererseits ist nicht recht zu verstehen

– daß jede Litotes prinzipiell aufgelöst werden muß – denn dergleichen gibt es im Nhd. auch noch;
– daß ambivalente mhd. Begriffe in der Übersetzung umschrieben oder präzisiert werden müssen, wenn der Textzusammenhang dies nicht nahelegt;
– daß ein noch verstehbarer Begriff wie ›vesperzît‹ mit ›Abend‹ übersetzt werden muß;
– daß es größere Einsichten bringen soll, ›hôhes lop‹ mit ›reiches Lob‹ zu übersetzen – die Übersetzung trifft natürlich den Sinn und ist legitim, aber eben auch nicht besser als die ›wörtlichere‹ Formulierung;
– daß stereotype Formulierungen im Original in der Übersetzung durch Variation kaschiert werden.

Zugunsten der Nachvollziehbarkeit der Übersetzung wurden seltener auch nhd. Formulierungen gewählt, die heute schon leicht veraltet sind, natürlich nur dann, wenn der Sinn noch erkennbar ist. Gerade solche wie auch andere ›Störstellen‹ sollten mit zum Thema des Unterrichts werden; im übrigen ist ja der Übersetzungsproblematik ein eigener Abschnitt mit Beispielen gewidmet. Ebenfalls zu thematisieren sind Begriffe, die in der Übersetzung in Anführungszeichen stehen, weil adäquate nhd. Begriffe nicht verfügbar sind und eigentlich eine umschreibende Wiedergabe nötig wäre (âventiure).

Ergänzungen in der Übersetzung stehen in eckigen Klammern.

Texte

I. Geistlichendichtung

1. Otfried von Weißenburg: Evangelienbuch (zwischen 863 und 871)
Einleitung; I,1–126 (Auszüge)

Cur scriptor hunc librum theodisce dictaverit

Was liuto filu in flîze, in manegem agaleize
sie daz in scrip gicleiptin, daz sie iro namon breitin.
sie des in io gilîcho flizzun guallicho,
in buachon man gimeinti dio iro chuanheiti.
darana datun sie ouch daz duam; ougdun iro wisduam,
ougdun iro cleini in des tihtonnes reini.
iz ist al duruch nôt so kleino geredinot
(iz dunkal eigun funtan, zisamane gibuntan),
sie ouch in diu gisagetin, daz den dio buach nirsmâhetin,
joh wol er sih firwesti, den lesan iz gilusti.

1.

Warum der Verfasser dieses Buch in der Volkssprache niedergeschrieben hat

Viele Leute haben eifrig und mit großem Fleiß etwas schriftlich niedergelegt, um damit ihren Namen bekanntzumachen. Immer haben sie sich sehr sorgfältig darum bemüht, daß man in ihren Büchern ihre Leistungen dargestellt fände. Daran setzten sie ihre ganze Kraft; sie gaben ihre Fähigkeit zu erkennen [5] und zeigten ihre Geschicklichkeit durch die Fehlerlosigkeit ihrer Dichtung. Es ist alles so ganz und gar kunstvoll dargestellt (der Inhalt ist nicht alltäglich und in gebundener Rede abgefaßt), damit auch [Leser] angesprochen werden und an den Büchern Gefallen haben, die sich ihnen aus [reiner] Freude am Lesen zuwenden. [10] In

zi diu mac man ouch ginôto   managero dîoto
hiar namon nu gizellen   joh suntar ginennen;
sar Krîachi joh Români   iz machont so gizâmi,
iz machont sie al girustit,   so dih es wola lustit.
[...]
nu es filu manno indihit,   in sîna zungun scrîbit,
joh îlit, er gigâhe,   daz sînaz io gihôhe –
wanana sculun Francon   einon daz biwankon,
ni sie in frenkisgon biginnen,   sie gotes lop singen?
nist si so gisungan,   mit rêgulu bidwungan,
si habet do dia rihti   in scôneru slihti.
îli du zi nôte,   deiz scôno doh gilûte,
joh gotes wizod danne   darana scôno helle,
daz darana singe,   iz scôno man ginenne,
in demo firstandnisse   wir gihaltan sin gewisse.
daz laz dir wesan suazi!   so mezent iz die fuazi,
zît joh diu rêgula,   so ist gotes selbes brediga.

---

diesem Zusammenhang kann man auch viele Völker namentlich aufzählen und einzeln benennen; vor allem Griechen und Römer machen [ihre Literatur] so kunstvoll, gestalten sie so, wie es dir wohlgefällt. – Wenn nun viele es unternommen haben, in ihrer Sprache zu schreiben, [15] und sich bemühen, sich [dadurch] auszuzeichnen – warum sollen die Franken allein es unterlassen, in fränkischer Sprache Gottes Lob zu singen? Wenn [diese Sprache] auch noch nicht dichterisch verwendet und in [poetische] Regeln gefaßt wurde, so hat sie doch eine [gewisse] Regelhaftigkeit in schöner Schlichtheit. [20] Bemühe dich nur fest darum, daß es dennoch schön klingt, daß, was [auf Fränkisch] besungen wird, schön ausgesprochen wird, daß Gottes Gebot machtvoll daraus ertönt und daß wir fest im Verständnis [der Heilswahrheit] gehalten werden. Diese [Wahrheit] soll dir süß [= heilig] sein! Wenn dann die [Vers-]Füße das Maß geben [25] und die Regeln ihm Zeit [= Takt], dann ist es Gottes eigene Predigt. Willst du das erstreben, auf das Maß

wil du des wola drahton,   du metar wolles ahton,
in dîna zungun wirken duam,   joh scônu vers wolles duan,
îl io gotes willen   allo zîti irfullen.
so scrîbent gotes degana   in frenkisgon die rêgula:
»in gotes gibotes suazi   laz gangan dîne fuazi,
ni laz dir zît des ingan« –   deist »scôni vers sar gidan«.
[...]
daz Kristes wort uns sagetun   joh druta sîne uns zelitun,
bifora lâzu ich iz al,   so ih bî rehtemen scal;
wanta sie iz gisungun   harto in edilzungun,
mit gote iz allaz riatun,   in werkon ouch giziartun.
deist suazi joh ouch nuzzi   inti lerit unsih wizzi.
himilis gimacha,   bî diu ist daz ander racha.
[...]
nu wil ich scrîban unser heil: evangeliono deil,
so wir nu hiar bigunnun,   in frenkisga zungun,
daz sie ni wesen eino   des selben âdeilo,

---

achten, in deiner Sprache Ansehnliches leisten und schöne Verse machen, so bemühe dich, Gottes Willen alle Zeit zu erfüllen. Dann erfüllen Gottes Gefolgsleute auf fränkisch die Regel: [30] »In der Heiligkeit von Gottes Gebot laß deine Füße gehen, laß dir dazu nicht die Zeit fehlen« – das heißt es [zu sagen]: »sofort schöne Verse gemacht.« – Was Christi Worte uns gesagt und seine Jünger uns berichtet haben, setze ich an die erste Stelle, wie ich es von Rechts wegen muß; denn sie haben es verkündet in den heiligen Sprachen[1], [35] haben es alles mit Gott beraten und kunstvoll mitgeteilt. Das ist schön, aber auch nützlich und lehrt uns Weisheit. Es ist ein Geschenk des Himmels und dadurch eine andere Sache [als weltliche Dichtung]. – Nun will ich schreiben, [was zu] unserem Heil [dient]: Teile des Evangeliums [und zwar], wie wir es hier schon begonnen haben, in fränkischer Sprache, [40] damit [die Franken] nicht allein ausgeschlossen

1. Griechisch, Lateinisch, Hebräisch.

ni man in iro gizungi   Kristes lop sungi,
joh er ouch iro worto   gilobot werde harto,
der sie zi imo holeta,   zi giloubon sînen ladota.
ist der in iro lante   iz alleswio nintstante,
in ander gizungi   firneman iz ni kunni –
hiar hôr er io zi guate,   waz got imo gibiete,
daz wir imo hiar gisungun   in frenkisga zungun.
nu freuwen sih es alle,   so wer so wola wolle,
joh wer sî hold in muate   Frankono diote,
daz wir Kriste sungun   in unsera zungun,
joh wir ouch daz gilebetun,   in frenkisgon nan lobotun.

2. *Der arme Hartmann: Rede vom Glauben (Mitte 12. Jh.) Str. 1–4*
Möglicherweise auch gedacht als binnengereimte Langzeilen.

Swer an der sêle wil genesen
unde mit gote in sîme rîche wesen,

---

sind, wenn in der [jeweils] eigenen Sprache Christi Lob gesungen wird, und damit auch in ihren Worten hoch gelobt wird, der sie zu sich geholt, zu seinem Glauben eingeladen hat. Ist in ihrem Land jemand, der es anders nicht versteht, in einer anderen Sprache nicht aufnehmen kann – [45] hier höre er immer zu seinem Heil, was Gott ihm gebietet [und] was wir ihm hier gesungen haben in fränkischer Sprache. Nun sollen sich alle, die guten Willens und zugeneigt sind dem Volk der Franken, darüber freuen, [50] daß wir Christus in unserer Sprache besungen und es erlebt haben, ihn auf fränkisch preisen zu können.

2.
Wer seine Seele retten und in Gottes Reich kommen will,

der sol got minnen
vor allen werlt dingen
unde sol im wesen undertân,
sîme gebote gehôrsâm.
den heiligen gelouben sal er ane scowen;
damite wurde wir gote geeigenot,
zuo der Cristes scare gezeichenot,
dem ubileme tuvele verzalt
unde den sundin alsô manicvalt.

vernemet, waz man iu sage:
den glouben alle sunnentage
singent gewisse
di phaffen zuo der misse.
durch di gotis enste
het ich di cunste,
von dem selben glouben wolt ich sprechen,
besceidenlîche rechen
mit dutiscer zungen,
ze lêre den tumben.
wande manige reden dar ane haftent,
dar si luzil umbe ahtent.

---

der muß Gott lieben mehr als alles Weltliche, muß ihm untertan [5] und seinem Willen gehorsam sein. Er soll sich das heilige Glaubensbekenntnis vor Augen halten; dadurch wurden wir Gott übereignet, [als Mitglieder] der Gefolgschaft Christi gekennzeichnet, dem bösen Teufel aber [10] und allen Sünden entrissen. – Hört, was man Euch verkündet: Jeden Sonntag singen die Geistlichen in der Messe das Glaubensbekenntnis. [15] Wenn Gottes Wohlwollen mir die Fertigkeit verleiht, dann möchte ich gern über eben dieses Glaubensbekenntnis [hier] reden, es verständlich zusammenstellen in deutscher Sprache, [20] den Unterweisungsbedürftigen zur Belehrung. Denn im [Glaubensbekenntnis] sind viele Aussagen enthalten, um die sie sich wenig küm-

iedoch wil ich der rede beginnen.
der helfe wil ich gedingen
an den himeliscen got;
wande er selbe alsus gebot:
»aperi os tuum et implebo« – »tuo ûf dînen munt,
ich ervul in dir zestunt,
daz du maht sprechen,
mîne wort rechen.«
wande ich den trôst von dir hân,
so wil ich di rede understân.

herre vater êwic,
du wis mir armen genaedic
in dem namen dînes einbornen sunis,
daz du mir, herre, des gefrumis,
daz du mir sendis dînen volleist,
dînen heiligen geist.
di berihte mîne sinne
in mînem herzen inne
mit sîner vil guoten list,
wande er allir meister bezzist ist,

---

mern. – Jetzt aber will ich mit meinem Thema beginnen. Ich hoffe dabei auf die Hilfe [25] des himmlischen Gottes; denn er selbst hat ja folgendes gesagt: »aperi os tuum et implebo« – »öffne deinen Mund, und ich werde ihn dir alsbald [mit Rede] füllen, damit du sprechen [30] und meine Worte verkünden kannst.« Weil ich diese Zuversicht von dir habe, will ich mich der Aufgabe unterziehen, meinen Gegenstand darzulegen. Herr, ewiger Vater, sei mir Armem gnädig [35] im Namen deines eingeborenen Sohnes, indem du mir dadurch hilfst, daß du mir deine Kraft sendest, deinen heiligen Geist. Das soll den Fähigkeiten meines Verstandes [40] und Herzens durch die ihm innewohnende Weisheit den Weg zeigen, denn der [heilige Geist] ist der beste aller

daz er mich ruoche lêren,
daz ich di wort kêre
alse, daz iz ime gezeme
unde allen den, di sîn vernemen,
si anneme
in deme herzen so bequeme,
daz si in werden wuocherhaft
von der heiligen gotis craft,
daz si di beginnen minnen,
den êwigen lîp gewinnen.

3. *Heinrich von Melk: Erinnerungen an den Tod (vor 1196) 1,1–11,54 (Auszüge)*

Mich leitet mînes gelouben gelubde,
daz ich von des todes gehugde
eine rede fur bringe.
dar an ist aller mîn gedinge,
daz ich werltlîchen liuten
besceidenlîchen muoze bediuten

Lehrer; er möge mich gnädig belehren, daß ich meine Worte so setze, [45] wie sie seiner Heiligkeit würdig sind *und* wie die sie verstehen können, die sie hören. Wer sie hört, soll die Worte unverzüglich in sein Herz aufnehmen, damit sie ihm von Nutzen sind [50] durch die Macht des heiligen Geistes; sie sollen die Worte lieben, damit sie das ewige Leben gewinnen.

3.

Das Gelöbnis meines Glaubens bringt mich dazu, daß ich eine Abhandlung vorlege darüber, daß man [immer] an den Tod denken muß. Mein ganzes Hoffen ist darauf gerichtet, den Leuten weltlichen Standes [5] klarzumachen, welch

ir aller vreise und ir not,
die ûf den teglichen tot,
der allen liuten ist gemeine,
sich bereitent leider seine.
[...]
ôwê, armiu phaffheite,
diu den leien ein geleite
solde zuo dem himelrîche geben.
wie harte si zerukke muozen streben
an dem jungisten gerihte.
[...]
cristenlîcher orden
der ist harte worden.
sumlîch habent den namen ân daz ambet.
leider vil lutzel im iemen enblandet
ûf den wuocher der armen sêle.
die der obristen êre
under der phaffheit solden phlegen,
den daz vingerl und der stap ist geben
und ander vil bezeichenlîch gewant,
da von si biscof sint genant,

---

schreckliche Gefahren ihnen allen drohen, die sich auf den Tod, der jeden Tag eintreten kann und allen Menschen bestimmt ist, leider überhaupt nicht vorbereiten. [10] Weh dir, Stand der Geistlichkeit, der du doch die Laien ins Himmelreich führen solltest! Wie weit werden die [Geistlichen] am Jüngsten Tag zurücktreten müssen! [15] Mit der christlichen Ordnung ist es schlecht bestellt. So mancher trägt den Namen [eines Geistlichen], ohne aber sein Amt zu versehen. Leider kümmern sich nur sehr wenige darum, wie es ihrer armen Seele ergehen wird. [20] Die, welche innerhalb der Geistlichkeit die oberste Herrschaft ausüben sollten und deshalb ›Bischöfe‹[2] heißen [25] und denen Ring, Stab [23]

2. griech. episcopos, Aufseher.

ze den ist daz reht enzwei.
pharre, probstei und abtei,
wîhe, zehende, phrunde,
die si niht ze verchoufen bestunde,
daz gebent si ander niemen,
wan der ez mit scazze mac verdienen.
[...]
die ze briester sint gezalt,
die hant der zwelf poten giwalt,
daz si mit dem gotes worte, daz si bredigent,
die sundaer bindent und erledigent.
[...]
unser herre ouch selbe chiut:
»dise ladent ûf daz arm liut
solhe burde, die niemen mac erheben,
und wellent si selbe niht erwegen.«
sumlîche, die aber so senfte sint,
die trôstent uber reht des tiuvels kint
und liebent in die meintât.
swer in ze gebene hât,
der mac tuon, swaz er wil,

---

und andere höchst symbolische Dinge verliehen worden sind, bei denen liegt die Pflichterfüllung im argen. Pfarreien, Propsteien, Abteien, Priesterweihe, Zehntrecht, Pfründen – alles, was zu verkaufen ihnen nicht zusteht, das vergeben sie nur an Leute, [30] die es mit Geld bezahlen können. Die Angehörigen des Priesterstandes haben die Macht der Apostel, weil sie nämlich durch das Wort Gottes, das sie predigen, Sünder binden oder befreien können. [35] Aber unser Herr sagt ja schon selbst [von ihnen]: »Sie belasten die Armen mit Bürden, die niemand tragen kann, wollen diese Last aber selbst nicht tragen.« Manche [Priester] dagegen sind so ›mild‹, [40] daß sie rechtswidrig die Kinder des Teufels trösten und ihnen dadurch ihre Sünde noch angenehm machen. Wer etwas hat, was er ihnen geben kann, der

daz er deheine wîs sô vil
mac getuon bôser dinge,
ez buozen di phenninge.
[...]
si refsent niwan die armen.
[...]
nu wellent die phaffen uber al
in daz haben ze einem rehte gar,
daz sich under der phaffen scar
sul der wîbe iemen ânen.
ja solden si sich von ir undertânen –
als ich ein ebenmâze wil fur zihen –
als der vihirt von den vihen
und der meister von den jungern,
sus solten si sich sundern.
und wellent lîhticheit phlegen!
durch waz ist in diu meisterschaft geben?
bediu, unzuht und heilicheit,
unkiusce und reinecheit,
die sint niht wol ensamt.
swenne des briesters hant
wandelt gotes lîchnamen,

kann tun, was er will; ja er kann überhaupt nicht so viel [45] Böses tun, daß es nicht durch Geld abgebüßt werden könnte. [Solche Priester] tadeln und züchtigen nur die Armen. Auch gibt es heute überall Geistliche, die es als ihr Recht durchsetzen wollen, [50] nicht auf eine Frau verzichten zu müssen. Aber eigentlich sollten sie sich von ihrer Gemeinde – um ein Beispiel zu gebrauchen – wie der Hirte vom Vieh [55] oder der Lehrer von den Schülern unterscheiden. Sie jedoch wollen ein leichtfertiges Leben führen! Ja, wozu ist ihnen ihr Amt denn verliehen worden? Unzucht und Heiligkeit, [60] Unkeuschheit und Reinheit – beides zusammen verträgt sich nicht. Wenn die Hand des Priesters [das Brot in] den Leib des Herrn verwandelt, muß sie sich

sol si sich danne nicht zamen
von wîplichen anegriffen?
[. . .]
wertlîche rihtaere
daz sint widerverhtaere
gotes und aller guote.
die tragent wulfin gemuote:
si bebirsent, swaz si mugent bejagen.
diu triuwe ist gerlîch erslagen
under den, die leien sint.
[. . .]
riter und vrouwen –
der leben sul wir lazzen scouwen,
daz got vil widerwertic ist.
die kerent allen ir list,
wie si niuwer site megen gedenken;
da mit si die sêle krenken:
daz ist ein strik der hohverte,
diu den tiuvel des himelrîches beherte.
[. . .]
ez sint die aller meisten sunde,
die man wider gotes hulde mac getuon.

---

dann nicht [65] der Berührung von Frauen enthalten haben? – Die Inhaber der weltlichen Rechtsprechung handeln gegen Gott und alles, was gut und richtig ist. Sie haben den Charakter von Wölfen: [70] sie jagen, was sie nur bekommen können. Das Pflichtgefühl ist unter den Laien ein Opfer der Begehrlichkeit geworden. – Sehen wir uns jetzt das Leben der Ritter und adligen Damen an; [75] es ist Gott höchst widerwärtig. Ihr ganzes Sinnen und Trachten ist nur darauf gerichtet, neue Moden mitzumachen; aber damit schaden sie ihrer Seele! [Hoffahrt und Stolz] sind Fallstricke, [80] die schon den Teufel aus dem Himmel vertrieben haben. Sie sind die größte Sünde, die man gegen Gott begehen kann.

der hohvertige man ist des tiuvels sun.
swâ er mit ubermuote gevaehet den man,
dem hât er den sic behabet an.
des gestêt uns Jobes scrift bî.
[...]
diu laster sul wir vertrîben.
si benement uns geistlich zuht.
si sint der sêle miselsuht.
si richsent almeiste an den wîben.
hie muge wir der vrouwen wol geswîgen.
wir sehen ze gazzen und ze kirchen
um die armen tagewürken,
diu niht mer erwerben mac,
si gelebt ir niemer guoten tac,
si enmache ir gewant alsô lanc,
daz der gevalden nachswanc
den stoup erweche, dâ si hin gê.
[...]
mit ir hohvertigem gange
und mit vrömder varwe an dem wange
und mit gelwem gebende

Der hochmütige Mensch ist ein Kind des Teufels. Wen der zum Stolz verführen kann, [85] den hat er auch schon besiegt. In dieser Meinung bestätigt uns auch [die Bibel mit ihrer] Geschichte Hiobs. Wir müssen uns von unseren Fehlern befreien; sie entfremden uns nur unserer geistlichen Erziehung. Sie sind der Aussatz der Seele. [90] Am meisten Macht haben diese [Fehler] über die Frauen. Von den adligen Damen dürfen wir hier wohl schweigen. Aber wir sehen ja sogar die armen Tagelöhnerinnen auf den Straßen und in der Kirche, für die es kein höheres Ziel gibt, [95] als ihr Kleid so lang zu machen, daß die gefältelte Schleppe den Staub aufwirbelt, wo sie hergehen. Mit affektiertem Gang, [100] mit geschminkten Wangen und gelbem Kopfputz wollen

wellent sich die gebiurinnen an allem ende
des rîchen mannes tohter genôzzen.
[...]
von den vrouwen sul wir niht ubel sagen –
doch mug wir der riter niht verdagen:
zwêne geverten hât diu ubermuot,
die sezzent die riter an die gluot
der êwigen viures vanken.
er hat got vil ze danken,
der sich ân die bejaget;
der hât der hohverte widersaget.
die verleitent si vil dikke
in des êwigen todes strikke,
da sie verliesent ir leben.
[...]
swâ sich diu riterscaft gesamnet,
da hebet sich ir wechselsage,
wie manige der und der behuoret habe.
ir laster mugen si niht verswîgen –
ir ruom ist niwan von den wîben.

---

sich allenthalben die Bäuerinnen den Töchtern des Adels gleichstellen. Von den adligen Damen dürfen wir nichts Schlechtes sagen – [105] von den Rittern aber können wir nicht schweigen: Der Hochmut hat zwei Begleiter, welche die Ritter in die Glut des ewigen [Höllen-]Feuers bringen. Wer sein Leben von diesen [beiden Begleitern des Hochmuts] freihalten kann, [111] ist Gott zu großem Dank verpflichtet; [110] er hat dem Hochmut die Gefolgschaft aufgekündigt. Die beiden verstricken nämlich die [Ritter] oft genug in die Bande des ewigen Todes, wo sie dann ihr [ewiges] Leben verlieren. [115] Wo immer nämlich Ritter zusammenkommen, da erzählen sie sich [erstens] gegenseitig, mit wieviel Frauen dieser und jener schon Unzucht getrieben hat. Sie können also ihr Laster [nicht einmal] verschweigen – ihr ganzer Ruhm kommt nur von Frauen. [120]

swer sich in den ruom niht enmachet,
der dunket sich verswachet
under andern sînen gelîchen.
swâ aber von sumlîchen
der manheit wirt gedâht,
da wirt vil selten fur brâht,
wie getâner sterke der sul phlegen,
der wider den tiuvel muoze streben.
da nennent si genuoge
vil manic ungefuoge.
si bringent sich mêr ze scanden,
swenne si sprechent: »den mac man in allen landen
ze einem guoten kneht wol haben:
der hat sô manigen erslagen.«

Wer hier nicht mitprahlt, der glaubt unter seinesgleichen weniger wert zu sein. Wo aber [zweitens] von der Tapferkeit geredet wird, [125] da kommt nie zur Sprache, wieviel Stärke der besitzen muß, der sich gegen den Teufel zu wehren hat; vielmehr erwähnen sie nur jede Menge Übeltaten. [130] Dadurch bringen sie sich nur noch mehr in Schande, wenn sie nämlich verkünden: »Der da kann überall als tapferer Held angesehen werden – er hat eine ganze Menge Menschen umgebracht.«

II. Weltliche Epik

4. Herzog Ernst (B) (2. Hälfte 12. Jh.) 2531–2913 (Auszüge)

Dô sie wider kâmen gegân,
dô fundens in der bürge stân
manic werc hêrlîch
von golde harte zierlîch.
vil maniger hande wunder
sâhen sie besunder
von golde und von gesteine.
manigen palas reine
sâhen sie dar inne stân,
schoene unde wol getân,
vil gar wunderlîch geworht.
ouch sâhen die helden unervorht
manic gewelbe und hôhe tür.
die lûhten sam die sternen vür,
die niender ûf der erden
baz gezieret mohten werden.
beide ûzen und innen
von meisterlîchen sinnen
was sie gebûwen über al.

4.

Als sie wieder zurückkamen, fanden sie in der Stadt viele kostbare Kunstwerke, fein aus Gold gearbeitet. Allerhand Erstaunliches [5] aus Gold und Edelsteinen [7] besahen sie sich einzeln. [6] Viele vornehme Paläste sahen sie [in der Stadt], die schön und herrlich gebaut [10] und bewundernswürdig konstruiert waren. Auch sahen die furchtlosen Helden viele Gewölbe und hohe Tore. Die strahlten einen Glanz aus wie die Sterne, wie sie wohl nirgendwo auf dieser Welt [15] schöner hätten verziert werden können. Sowohl außen wie innen war die [Stadt] überall [19] mit Kunstver-

vil manigen hêrlîchen sal
sâhen sie dar inne stân.
[...]
dô sie daz wunder dô gesâhen,
dô begundens dannen gâhen.
wider ze der würmelâge sie kâmen,
dâ sie die spîse ê dâ nâmen;
dâ vür begunden sie dô gân.
dô sâhens dâ bî nâhe stân
ein vil rîchez palas,
daz mit golde wol bedecket was,
von smâragde sîne wende
wol gemacht in allem ende
durchliuhtec grüene.
dô gesach der vil küene
Ernest, der vil werde man,
eine kemenâten wol getân.
diu was gezieret innen
von meisterlîchen sinnen
von edelem gesteine.
die wâren algemeine
in liehtem golde schône erhaben
und meisterlîche wol ergraben.
dô si dar in begunden gân,

---

stand gebaut worden. [18] Viele herrliche Säle [20] sahen sie darin. – Als sie diese Wunderdinge betrachtet hatten, eilten sie fort. Sie kamen wieder zu dem Tiergarten, wo sie vorher gesessen hatten, [25] und durchquerten ihn. Da erblickten sie ganz in der Nähe einen sehr prächtigen Palast, der mit Gold gedeckt war; seine Wände waren aus Smaragd [30] gefertigt und ganz grün, [dabei aber] durchsichtig. Da sah der tapfere Ernst, dieser edle Mann, eine prächtige Kemenate. [35] Die war innen kunstfertig geschmückt mit Edelsteinen. Diese waren alle in funkelndes Gold eingelegt [40] und meisterhaft geschliffen. Als sie die [Kemenate] betreten hatten, sahen sie

ein spanbette sie sâhen stân,
als wir daz maere hoeren sagen.
daz was mit golde wol durchslagen
beide schône und rîche
und was vil meisterlîche
mit berlîn gefieret
und mit steinen wol gezieret
von vil fremden sachen.
lewen unde trachen,
nâtern unde slangen
die lâgen an den spangen,
geworht von golde, daz was lieht.
sie wâren des versûmet nieht,
sin waeren geworht mit vollen.
oben ûf den vier stollen
lâgen vier edele steine,
die wâren nicht ze kleine.
die gelîhten wol der sunnen
und lûhten, sam sie brunnen.
sie glasten als ein glüendiu gluot.
des vröuwete sich der helt guot,
Ernst, der recke vil gemeit.
zwei bette wâren drûf geleit,

---

darin ein Tragbett; so jedenfalls hat man es uns erzählt. Dieses [Bett] war mit Gold [45] schön und kostbar durchflochten und sehr kunstfertig mit Perlen an allen vier Seiten eingefaßt, außerdem mit Edelsteinen der seltensten Art verziert. [50] Löwen und Drachen, Nattern und [andere] Schlangen, gefertigt aus glänzendem Gold, [54] waren an den Rändern angebracht. [53] Man hatte es nicht unterlassen, [55] sie so vollkommen wie möglich zu fertigen. Oben auf jedem der vier Bettpfosten lag je ein Edelstein von besonderer Größe. Diese [vier Edelsteine] glichen der Sonne, [60] denn sie leuchteten, als ob sie brennen würden. Sie funkelten wie lodernde Glut. Darüber freute sich der tapfere Held, Ernst, dieser stattliche ›Recke‹. Zwei Bettdecken waren darüber

mit rîchem pheller wol bezogen,
an hôher kost vil unbetrogen;
diu lînlachen sîdîn,
ein deckelachen hermîn,
darumbe ein lîste wol genât,
die man in hôher koste hât,
von edelem gesteine manicvalt.
dar obe ein sîdîn blîalt,
mit guotem golde wol durhslagen,
liehte sîden drin getragen
ein lîste wît unde rîch.
daz dûhte michel wunderlîch
die zwêne jungelinge.
swaere und niht ze ringe
eine sidel wohlgetân,
die sâhens vor dem bette stân;
diu was algemeine
von wîzem helfenbeine
vil spaehelîchen wol ergraben
und mit golde wol erhaben
mit meisterlîchen listen.
vier grôze âmetisten

---

gebreitet, [65] bezogen mit einer kostbaren Seidenart, deren Wert gar nicht zu überschätzen war. Die Bettücher waren aus Seide, das Decklaken aus Hermelin; [letzteres] war mit einer Borte umnäht [70] von offensichtlichem Wert und [besetzt] mit den verschiedensten Edelsteinen. Darüber lag ein durchwirkter Seidenstoff, durchwebt mit kostbarem Gold, wobei die leuchtende Seide [75] mit einer breiten, kostbaren Borte umsäumt war. Das machte einen bewundernswürdigen Eindruck auf die beiden jungen Herren. Einen schweren, großen, kostbaren Sessel [80] sahen sie vor dem Bett stehen; der war ganz aus weißem Elfenbein geschnitzt und mit Gold [85] kunstvoll verziert. Vier große

ûf den knöphen obene
stuonden wol ze lobene,
wît und rôt als ein bluot.
ein pheller tiure unde guot
was dar über gespreitet.
sus was diu sidel bereitet
vor dem rîchen bette dâ.
ein samît viereck unde blâ
was geleit an den esterîch,
geziert mit einem borten rîch
und an koste stiure.
zwên guldîn köphe tiure
bî dem bette nâhen
sie dô stên sâhen.
dar inne was der beste wîn,
der in dem lande mohte sîn
oder iemer man enbîze.
sus schône was mit flîze
der grôze dienest bereit.
dâ was diu groestiu rîcheit,
diu in der werlde mohte sîn –
daz was an manigen dingen schîn.

Amethyste oben auf den Knäufen konnten Bewunderung hervorrufen; sie waren sehr groß und blutrot. [90] Ein kostbarer prächtiger Stoff war darüber gespannt. So war dieser Sessel ausgestattet, der dort vor dem prächtigen Bett stand. Ein viereckiger blauer Samt [95] war auf dem Boden ausgebreitet; er war mit einer kostbaren Borte verziert und überaus wertvoll. [Ferner] sahen die beiden zwei kostbare goldene Becher in der Nähe des Bettes [100] stehen. Darin war der beste Wein, den es je irgendwo zu trinken hätte geben können. So prächtig und sorgfältig [105] war hier aufgewartet worden. Dort war die größte Pracht, die es auf Erden geben konnte – das zeigte sich an vielen Dingen. Als

Dô die ritter vil gemeit
besâhen die grôzen rîcheit
in der kemenâten
und wider ûz getrâten,
dâ neben sâhen si dô stân
einen grôzen hof wol getân,
wît unde vil schône.
manigen zêder grône
funden si dar inne stân.
si begunden dar nâher gân.
sie sâhen zwêne brunnen,
die ûz dem hove runnen.
der eine was warm, der ander kalt.
mit listen sô was daz gestalt,
daz sie vil schône schuzzen
und reineclîche duzzen
mit ein ander an eine stat.
dâ bî stuont ein schoene bat.
daz was algemeine
von grüenem marmelsteine
wol gewelbet und überzogen,
gevestet mit starken swibogen.
wie möhte daz zierlîcher sîn?

---

die edlen Ritter [110] sich die große Pracht in der Kemenate angesehen hatten und wieder nach draußen gegangen waren, sahen sie daneben einen großen, schön angelegten Hof, [115] der sehr weit und prächtig war. Viele grüne Zedern sahen sie in ihm stehen. Sie traten näher hinzu. Da sahen sie zwei Quellen, [120] die aus dem Hof flossen. Die eine war warm, die andere kalt. Man hatte es sehr sinnvoll so eingerichtet, daß sie gleichzeitig an einer Stelle [126] in prächtigem Strahl hervorschossen [124] und rauschend ganz klares Wasser führten. [125] Daneben stand ein prächtiges Badehaus. Es war ganz aus grünem Marmor kunstvoll gewölbt und verkleidet [130] und von starken Schwibbögen gestützt. Wie

zwô bütten rôt guldîn
die stuonden in liehtem schîne.
zwô rôre silberîne,
geworht mit grôzen fuogen,
die daz wazzer dar in truogen.
mit listen sô was daz getân:
swederez man wolde hân,
warm wazzer oder kalt,
des truogen die rôre mit gewalt
den beiden bütten genuoc.
ein êrîn antwerc ez truoc
anderthalp ûz dem bade dan,
als wir daz vernomen hân.
ez was ouch geleitet,
über al die burc gebreitet.
daz geschach mit sinne:
die strâzen dar inne,
beide grôze unde kleine,
wârn von marmelsteine,
sumlîche grüene als ein gras;
sô in der burc erhaben was
und man dâ schône wolde hân,

---

hätte es noch schöner sein können! Zwei Wannen aus rotem Gold standen dort und glänzten. Zwei silberne Rohre, [135] kunstvoll gefertigt, ließen Wasser [in die Wannen] fließen. Das war mit Bedacht so eingerichtet: welches von beidem man auch haben wollte, warmes oder kaltes Wasser, [140] das leiteten die Rohre mit starkem Strahl in genügender Menge in die Wannen. Ein eisernes [Röhren-]Werk leitete das [Wasser] auf der anderen Seite wieder aus dem Badehaus, wie wir erfahren haben. [145] Es wurde außerdem weitergeleitet und durch die ganze Stadt geführt. Dahinter steckte folgender Zweck: Die Straßen in [der Stadt], die breiten und die schmalen, [150] waren aus Marmor, einige grasgrün; wenn man nun in der Stadt aufgestanden war und alles schön

sô liez man daz wazzer sân
über al die burc gên –
sô mohte dâ niht bestên
weder daz hor noch der mist.
in einer vil kurzen vrist
sô wart diu burc vil reine.
ich waene, burc deheine
ûf erden ie sô rîch gestê.
ir strâzen glizzen sô der snê.
[...]
dô si daz wunder gar gesâhen,
dô hôrten sie in allen gâhen
ein wunderlîche stimme,
starc unde grimme,
vor der bürge an dem gevilde,
ob ez kraniche wilde
bevangen haeten über al,
alsô ungefüegen schal,
alse ie man vernam.
vil lût unde freissam
was dâ ir gebrehte.
des nam die guoten knehte
beide vil michel wunder.

[sauber] haben wollte, dann ließ man schnell das Wasser [155] durch die ganze Stadt fließen – so konnte weder Schmutz noch Unrat zurückbleiben. Ganz schnell wurde dann die Stadt vollkommen sauber. [160] Ich glaube, es gibt keine Stadt der Welt, die so prächtig ist. Ihre Straßen glänzten wie Schnee. Als sie diese Wunderdinge alle angeschaut hatten, hörten sie plötzlich [165] ein seltsames Geschrei, laut und schrecklich, auf dem Feld vor der Stadt, als ob es ganz von wilden Kranichen bedeckt wäre. [170] Es war ein ganz schlimmer Lärm, wie man ihn nie gehört hat. Sehr laut und schrecklich war das Geschrei. Die tapferen Helden [175] wunderten sich beide sehr darüber. Dann gin-

dô giengen dan besunder
die zwêne ritter gemeit
stên an ein gewarheit
under ein gewelbe vinster.
[...]
dô sie ein wîle heten gestân,
die vil ellenthaften man,
und allenthalben sâhen,
dô wurden si in allen gâhen
vor dem burctor gewar
einer seltsaenen schar
von mannen und von wîben.
die wâren an ir lîben –
sie waeren junc oder alt –
schoene und wol gestalt
an füezen und an henden
und in allen enden
schoene liute und hêrlîch.
wan hals und houbet was gelîch
als den kranichen getân.
der sâhens rîten unde gân
gein der bürge ein michel her.
die fuorten kein ander wer
wan ir schilt und bogen

---

gen die zwei edlen Ritter zur Seite, um sich in Sicherheit zu bringen in einem dunklen Gewölbe. [180] Als die tapferen Männer eine Weile dort gestanden und alles beobachtet hatten, sahen sie plötzlich vor dem Stadttor [185] eine seltsame Schar von Männern und Frauen. Deren Körper waren bei Alt und Jung schön und wohlgeformt [190] an Füßen, Händen und überall; es waren schöne, stattliche Leute – nur Hals und Kopf glichen ganz denen von Kranichen. [195] Von diesen [Leuten] sahen sie eine große Menge in Richtung auf die Stadt reiten und marschieren. Als Bewaffnung trugen sie nur Schild und Bogen, dazu kunstvoll gefertigte Köcher,

unde kocher wol gezogen,
dar inne strâle freislich.
[...]
an ir lîbe nieman vant
zer werlt deheiner slahte kranc,
wan daz in die helse wâren lanc.
[...]
noch wil ich iu baz bediuten
von den seltsaenen liuten,
als ich von in vernomen hân:
in was diu burc undertân;
dâ wârn si ûf gesezzen,
ir lîbes vil vermezzen,
und wâren stolz und gemeit
und hâten grôze rîcheit.
[...]
einen künec hâtens under in,
dem beide, wîp unde man,
mit dienste wâren undertân.
der was gevarn mit sîme her
mit vil galîen ûf daz mer
in daz lant ze Indîâ.
den künec selben hâte er dâ
brâht von dem lîbe,

---

[200] in denen verderbenbringende Pfeile [steckten]. Niemand hätte an ihren Körpern irgendeinen Fehler entdecken können – nur ihre Hälse waren [zu] lang. Ich will Euch noch Genaueres berichten [205] von diesen seltsamen Geschöpfen, so, wie ich es über sie gehört habe: Die Stadt gehörte ihnen; dort lebten sie ein stolzes Leben, [210] waren übermütig und keck und besaßen große Reichtümer. Über sie herrschte ein König, dem Männer und Frauen untertan und dienstpflichtig waren. [215] Er war mit seinem Heer in vielen Ruderschiffen über das Meer nach India gefahren. Den dortigen König hatte er getötet, [220] als dieser mit seiner Frau zu

dô er mit sînem wîbe
ze einer sîner bürge wolde varn.
[...]
dâ genas dô nieman inne
wan des küniges tohter von Indîâ.
die behielt daz leben alleine dâ
durch die schoene an ir lîbe.
dâ wolt er si hân ze wîbe,
der rîche künec von Grippîâ.

5. *Hartmann von Aue: Erec (zwischen 1180 und 1190) 1–137 (Auszüge)*

Nû riten si unlange vrist
neben einander beide,
ê daz si über die heide
verre in allen gâhen
zu rîten sâhen
einen ritter selbedritten,
vor ein getwerc, dâ enmitten
eine juncfrouwen gemeit,
schoene unde wol gekleit.

---

einer seiner Städte fahren wollte. Niemand war am Leben geblieben außer der Tochter des Königs von India. Sie allein behielt ihr Leben [225] wegen ihrer Schönheit. Der mächtige König von Grippia[3] [228] wollte sie zur Frau nehmen. [227]

5.
Sie waren gerade eine kurze Zeit nebeneinander her geritten, da sahen sie [5] in der Ferne in aller Eile [4] einen Ritter in Begleitung von zwei Personen [6] über die Heide heranreiten, [3] vorne weg ein Zwerg, in der Mitte ein schönes Mädchen, das prächtig und kostbar gekleidet war. Da fragte

3. So heißt die Stadt der Kranichmenschen.

nû wunderte die künegîn,
wer der ritter möhte sîn.
[...]
Erec, der junge man,
sîn frouwen vrâgen began,
ob er ez ervarn solde.
diu vrouwe des niht enwolde;
si bat in dâ bî ir tweln.
ein juncvrouwen begunde si ûz weln,
die si möhte senden dar.
si sprach: »rît und ervar,
wer der ritter müge sîn
und sîn geverte, daz magedîn!«
diu juncvrouwe huop sich an die vart,
als ir geboten wart,
dâ si daz getwerc rîten sach.
mit zühten si zuo im sprach:
»got grüeze iuch, geselle,
und vernemet, waz ich welle.
mîn vrouwe hât mich her gesant;
diu ist künegîn über daz lant.
durch ir zuht gebôt si mir,
daz ich iuch gruozte von ir,

---

sich die Königin, [10] wer dieser Ritter wohl sein möge. Der junge Erec fragte seine Herrin, ob er es herausfinden solle. Aber die Königin wollte das nicht; [15] sie bat ihn, bei ihr zu bleiben. Sie wählte ein Fräulein [aus ihrem Gefolge] aus, das sie hinschicken könne. Sie sagte: »Reite hin und finde heraus, wer der Ritter [20] und seine Begleiterin, das Mädchen, sind.« Das Fräulein ritt, wie ihr befohlen war, dorthin, wo sie den Zwerg reiten sah. Gemäß höfischer Erziehung redete sie ihn an: [25] »Gott grüße Euch, Freund! Hört, was ich möchte: Meine Herrin hat mich hergeschickt; sie ist die Königin dieses Landes. Höflich, wie sie ist, hat sie mir aufgetragen, [30] Euch von ihr zu grüßen; sie hätte gerne

und weste gerne maere,
wer der ritter waere
und disiu maget wol getân.«
[. . .]
daz getwerc enwolde ir niht sagen
unde hiez si stille dagen
unde daz si in vermite –
ez enweste, war nâch si rite.
die maget enlie niht umbe daz,
si enwolde rîten fürbaz
den ritter frâgen maere
selben, wer er waere.
daz getwerc werte ir den wec.
daz sach diu künegîn und Êrec,
daz ez si mit der geisel sluoc,
die ez in der hant truoc.
[. . .]
mit solher antwurt schiet si dan
wider zuo ir vrouwen
unde liez si schouwen,
wie sêre si waz geslagen.
[. . .]
Êrec dô ahten began,
der ritter enwaere dehein vrum man,
daz er ez vor im vertruoc,

Auskunft, wer der Ritter und wer dieses schöne Mädchen ist.« Der Zwerg wollte keine Auskunft geben, [35] befahl ihr, zu schweigen und ihn in Ruhe zu lassen – er wisse nicht, weshalb sie überhaupt hergekommen sei. Das Fräulein gab nicht auf und wollte weiterreiten, [40] um den Ritter selbst zu fragen, wer er sei. Der Zwerg wehrte ihr den Weg. Die Königin und Erec sahen, daß er sie mit einer Peitsche schlug, [45] die er in der Hand hielt. Mit dieser ›Antwort‹ schied sie, [ritt] wieder zu ihrer Herrin und ließ sie sehen, wie schwer sie geschlagen worden war. [50] Da meinte Erec, der Ritter

daz sîn getwerc die maget sluoc.
er sprach: »ich wil rîten dar,
daz ich diu maere ervar.«
die vrouwe sprach: »nû rît enwec!«
zehant huop sich Êrec,
unz er in sô nâhen kam,
daz daz getwerc die rede vernam.
»muget ir wêniger mir gesagen,
wes habet ir die maget geslagen?
ir habet sêre missetân –
ir soldet ez durch zuht lân.
iuwern herren sult ir mir nennen;
mîn vrouwe wolde in erkennen
und daz schoene magedîn.«
daz getwerc sprach: »lâ dîn klaffen sîn –
ich ensage dir anders niht,
wan daz dir alsam geschiht.
[...]
wilt dû, daz ich dichs erlâze,
sô rît dîne strâze
und hebe dich, der sunnen haz!«

---

sei kein ehrenwerter Mensch, da er es vor seinen Augen habe geschehen lassen, daß sein Zwerg das Mädchen geschlagen habe. Er sagte: »Ich will losreiten, [55] um Auskunft zu erhalten.« [Jetzt] sagte die Königin: »Reite los!« Sofort ritt Erec, bis er so nahe gekommen war, daß der Zwerg ihn hören konnte. [60] »Kleiner, könnt Ihr mir sagen, warum ihr das Mädchen geschlagen habt? Damit habt Ihr Euch schwer vergangen – schon des Anstands wegen hättet Ihr es unterlassen sollen. Nennt mir [den Namen] Eures Herrn; [65] meine Königin möchte ihn und das schöne Mädchen kennenlernen.« Der Zwerg antwortete: »Laß dein Geschwätz – ich sage dir nichts anderes als: dir geht es genauso. [70] Willst du, daß ich dir das erspare, dann reite deiner Straße und mach dich fort, du Ekel der Sonne!« Auch Erec wollte

Êrec der wolde ouch vürbaz.
wan daz getwerc imz niht vertruoc.
mit der geisel ez in sluoc,
als ez die maget hete getân.
ouch wolde er sich gerochen hân,
wan daz er wîslîchen
sînem zorne kunde entwîchen –
der ritter hete im genomen den lîp,
wan Êrec was blôz als ein wîp.
er gelebete im nie leidern tac
dan umbe den geiselslac
und schamte sich nie sô sêre,
wan daz dise unêre
diu künegîn mit ir vrouwen sach.
als im der geiselslac geschach,
mit grôzer schame er wider reit.
alsô klagete er sîn leit,
schamvar wart er under ougen:
»vrouwe, ich enmac des niht verlougen
(wan ir ez selbe habet gesehen),
mir ensî vor iu geschehen

---

weiterreiten, aber der Zwerg ließ ihn nicht. [75] Er schlug ihn mit der Peitsche, wie er es bei dem Mädchen gemacht hatte. Erec wollte sich [zunächst] rächen, aber er war so klug, seinen Zorn zu bezwingen – [80] der Ritter hätte ihm das Leben genommen, denn Erec war nicht mehr gerüstet als eine Frau. Nie hatte er etwas Schlimmeres erdulden müssen als diesen Peitschenhieb, und worüber er sich am meisten schämte, [das war,] [85] daß ihm diese Schande unter den Augen der Königin und ihrer Damen geschehen war. Nachdem er den Peitschenhieb hatte einstecken müssen, ritt er tief beschämt zurück. Mit folgenden Worten klagte er sein Leid, [90] wobei seine Wangen schamrot wurden: »Herrin, ich kann nicht leugnen (denn Ihr selbst habt es ja gesehen), daß mir vor Euren Augen solch große Schande widerfahren

eine schande alsô grôz,
daz ir nie dehein mîn genôz
eines hâres mê gewan.
daz mich ein sus wênic man
sô lasterlîchen hât geslagen
und ich im daz muoste vertragen,
des schame ich mich sô sêre,
daz ich iuch nimmer mêre
vürbaz getar schouwen
und diese juncvrouwen
und enweiz, zwiu mir daz leben sol –
ez ensî, daz ich mich des erhol,
daz mir vor iu geschehen ist.
ich ensterbe in kurzer vrist,
sô sol ich ez versuochen.
vrouwe, ir sult geruochen,
daz ich in iuwern hulden var.
der himelkaiser bewar,
vrouwe, iuwer êre.
ir gesehet mich nimmer mêre,
ich engereche mich an disem man,
von des getwerc ich mal gewan.«

---

ist, [95] daß nie jemand meines Standes eine auch nur vergleichbar größere hat einstecken müssen. Daß mich ein so kleiner Mensch so schimpflich geschlagen hat und ich ihm das habe durchgehen lassen müssen, [100] darüber schäme ich mich so sehr, daß ich Euch und diesen jungen Damen [104] nie mehr in die Augen sehen kann [103] und nicht mehr weiß, wozu mir mein Leben noch nütze ist – [105] es sei denn, daß ich wiedergutmache, was mir vor Euch geschehen ist. Wenn ich noch länger lebe, dann werde / muß ich es versuchen. Herrin, gestattet mir gnädig, [110] daß ich mit Eurer Erlaubnis ziehen darf. Der himmlische Kaiser, Herrin, möge Euer Ansehen beschützen. Ihr werdet mich nicht wiedersehen, wenn ich mich nicht an diesem Mann rächen kann, [115] von dessen Zwerg ich diese Male empfing.

6. Hartmann von Aue: Iwein (zwischen 1200 und 1205) 259–925 (Auszüge)

Am Hof des Königs Artus erzählt der Ritter Kalogrenant in Anwesenheit der Königin anderen Rittern eine Geschichte, die er selbst erlebt hat.

Ez geschach mir – dâ von ist ez wâr –
(ez sint nû wol zehen jâr),
daz ich nâch âventiure reit,
gewâfent nâch gewonheit,
ze Breziljân in den walt.
[...]
durch dorne und durch gedrenge
sô vuor ich allen den tac,
daz ich vür wâr wol sprechen mac,
daz ich sô grôze arbeit
nie von ungeverte erleit.
und dô ez an den âbent gienc,
einen stîc ich dô gevienc;
der truoc mich ûz der wilde
und kam an ein gevilde.
dem volget ich eine wîle
(niht vol eine mîle),

6.

Es ist mir selber einmal geschehen – deshalb ist dies auch eine wahre Geschichte! (zehn Jahre ungefähr ist es her) –, daß ich, wie üblich gerüstet, auf ›âventiure‹ in den Wald von Breziljan ritt. [5] Den ganzen Tag ritt ich durch Dornen und dichtes Gebüsch, so daß ich wohl behaupten kann, noch nie solche Mühe wegen eines unwegsamen Geländes erduldet zu haben. [10] Als es Abend wurde, stieß ich auf einen Pfad; der führte mich aus der Wildnis hinaus, und ich gelangte auf freies Feld. Ich folgte dem Pfad eine Zeit [15] (nicht ganz eine

unz ich eine burc ersach.
dar kêrt ich durch mîn gemach.
ich reit gegen dem bürgetor.
dâ stuont ein rîter vor.
[...]
diz was des hûses herre.
und als er mich von verre
zuo ime sach rîten,
nune mohte er niht erbîten
und enlie mir niht die muoze,
daz ich zuo sînem gruoze
vollecl̂iche waere komen,
erne hete mir ê genomen
den zoum unde den stegereif.
und alse er mich alsô begreif,
dô enpfienc er mich als schône,
als im got iemer lône.
[...]
dô wir mit vreuden gâzen
und dâ nâch gesâzen
und ich im hâte geseit,
daz ich nâch âventiure reit,
des wundert in vil sêre.

Meile), bis ich eine Burg erblickte. Dorthin wendete ich mich, um Gelegenheit zur Erholung zu finden. Ich ritt auf das Burgtor zu. Davor stand ein Ritter. [20] Er war der Burgherr. Als er mich von weitem auf sich zureiten sah, da konnte er nicht länger warten und ließ mir nicht erst Zeit, [25] ihn ausführlich zu begrüßen, sondern befreite mich schon vorher von Zaum und Steigbügeln. Und wie er mir so zur Hand gegangen war, [30] begrüßte er mich so aufmerksam, daß Gott ihn immer dafür belohnen möge. Nachdem wir köstlich gespeist, uns anschließend [zusammen]gesetzt hatten und ich ihm gesagt hatte, [35] daß ich auf ›âventiure‹ ausgeritten sei, da wunderte er sich darüber sehr. Er sagte,

und jach, daz im nie mêre
dehein der gast waere komen,
von dem er haete vernomen,
daz er âventiure suochte,
und bat, daz ich des geruochte,
swenn ich den wec dâ wider rite,
daz ich in danne niht vermite.
dâ wider hete ich deheinen strît;
ich lobetez und leistez sît.
[...]
dan schiet ich unde reit vil vruo
ze walde von gevilde.
dâ râmet ich der wilde
und vant nâch mitten morgen
in dem walde verborgen
ein breitez geriute
âne die liute.
dâ gesach ich, mir vil leide,
ein swaere ougenweide:
aller der tiere hande,
die man mir ie genande,
vehten unde ringen
mit eislîchen dingen.

---

nie sei ein Fremder/Gast zu ihm gekommen, von dem er gehört habe, [40] daß er ›âventiure‹ suche; und er bat mich, wenn ich zurückkäme, ihn freundlicherweise wieder aufzusuchen. Dagegen hatte ich gar nichts; [45] ich versprach es und habe es später auch eingehalten. Dann verabschiedete ich mich und ritt [am nächsten Morgen] ganz früh vom freien Feld wieder in den Wald. Ich stieß mitten in die Wildnis vor und fand am Vormittag [50] versteckt im Wald ein weites gerodetes Feld; Menschen sah ich keine, hatte aber zu meinem Schrecken einen [anderen,] schlimmen Anblick: [55] alle Tierarten, von denen ich je Kenntnis bekam, waren im entsetzlichsten Kämpfen und Ringen

[...]
vil gerne wold ich von dan.
dô gesach ich sitzen einen man
in almitten under in;
daz getrôste mir den sin.
dô ich aber im nâher kam
und ich sîn rehte war genam,
dô vorht ich in alsô sêre
sam diu tier ode mêre.
sîn menneschlîch bilde
was anders harte wilde.
er was einem môre gelîch,
michel und als eislîch,
daz ez niemen wol geloubet.
zewâre im was sîn houbet
grôzer dan einem ûre.
ez hete der gebûre
ein ragendez hâr ruozvar;
daz was im vast unde gar
verwalken zuo der swarte
an houbet und an barte.
sîn antlütze was wol ellen breit,

---

befangen. Am liebsten wäre ich fortgezogen. [60] Aber da sah ich mitten unter ihnen einen Menschen sitzen; das stärkte meine Fassung wieder. Als ich ihm aber näher kam und ihn genauer betrachten konnte, [65] bekam ich vor ihm ebensoviel oder noch mehr Angst als vor den Tieren. Seine ›menschliche‹ Gestalt war sehr wild. Er glich einem Mohren, [70] war riesig und so schrecklich, daß keiner es glauben wird. Sein Kopf war tatsächlich größer als der eines Auerochsen. Der rohe Kerl[4] [75] hatte borstiges, rußfarbenes Haar; das war an seinem Kopf und seinem Bart ganz fest verfilzt. Sein Gesicht war gut eine Elle breit [80] und von

4. ›gebûre‹ auch: Bauer.

mit grôzen runzen beleit.
ouch wâren im diu ôren
als einem walttôren
vermieset zewâre
mit spannelangem hâre,
breit alsam ein wanne.
dem ungevüegen manne
wâren grannen unde brâ
lanc, rûch unde grâ,
diu nase als einem ohsen grôz,
kurz, wît, niender blôz,
daz antlütze dürre unde vlach –
ouwî, wie eislîch er sach! –,
diu ougen rôt, zornvar.
der munt hâte im gar
bêdenthalp diu wangen
mit wîte bevangen.
er was starke gezan
als ein eber, niht als ein man;
ûzerhalp des mundes tür
rageten sî im her vür,
lanc, scharpf, grôz, breit.
im was daz houbet geleit,

---

tiefen Runzeln durchzogen. Außerdem waren seine Ohren wie bei einem Waldmenschen tatsächlich mit spannenlangem Haar [85] vermoost und groß wie Tröge. Barthaare und Brauen des plumpen Kerls waren lang, rauh und grau; seine Nase war groß wie die eines Ochsen, [90] platt, breit und nirgendwo unbedeckt [von Haaren]; sein Gesicht war mager und flach – oh, wie entsetzlich sah er aus! Seine Augen waren rot wie vor Zorn. Sein Mund [95] klaffte auf beiden Seiten bis in die Wangen hinein. Er hatte kräftige Zähne wie ein Eber, nicht wie ein Mensch; aus dem Tor seines Mauls [100] ragten sie lang, scharf, groß und breit heraus. Sein Kopf

daz im sîn rûhez kinnebein
gewahsen zuo den brüsten schein.
sîn rücke was im ûf gezogen,
hoveroht und ûz gebogen.
er truoc an seltsaeniu cleit:
zwô hiute het er an geleit;
die het er in niuwen stunden
zwein tieren abe geschunden.
er truoc einen kolben alsô grôz,
daz mich dâ bî im verdrôz.
dô ich im alsô nâhen kam,
daz er mîn wol war genam,
zehant sach ich in ûf stân
unde nâhen zuo mir gân.
weder wider mich sîn muot
waere übel ode guot,
des enweste ich niht die wârheit
und was iedoch ze wer bereit.
weder er ensprach noch ich.
dô er sweic, dô versach ich mich,
daz er ein stumbe waere,
und bat mir sagen maere.
ich sprach: »bistû übel ode guot?«

---

hing so herab, daß sein rauhes Kinn an der Brust festgewachsen schien. [105] Sein Rücken bog sich nach oben und war also bucklig. Merkwürdige Kleider hatte er an [seinem Leib]: er hatte zwei Felle angelegt; und die hatte er vor kürzem erst [110] zwei Tieren abgezogen. Er trug eine so große Keule, daß ich in seiner Nähe Angst bekam. Als ich ihm so nahe gekommen war, daß er mich bemerkte, [115] da sah ich ihn sofort aufstehen und nah an mich herantreten. Ob er mir böse oder gut gesinnt war, darüber hatte ich keine Klarheit, [120] war aber abwehrbereit. Weder er noch ich sagten etwas. Da er schwieg, glaubte ich, er sei stumm, und bat ihn, mir Auskunft zu geben [!]. [125] Ich fragte: »Bist du

er sprach: »swer mir niene tuot,
der sol ouch mich ze vriunde hân.«
»mahtû mich danne wizzen lân,
waz crêatiure bistû?«
»ein man, als dû gesihest nû.«
»nû sage mir, waz dîn ambet sî.«
»dâ stân ich disen tieren bî.«
»nû sage mir: tuont sî dir iht?«
»sî lobeten ez, taet ich in niht.
[...]
nû hân ich dir vil gar geseit,
swes dû geruochtest vrâgen.
nune sol dich niht betrâgen,
dune sagest mir, waz dû suochest.«
[...]
ich sprach: »ich wil dich wizzen lân:
ich suoche âventiure.«
dô sprach der ungehiure:
»âventiure – waz ist daz?«
»daz wil ich dir bescheiden baz:
nû sich, wie ich gewâfent bin;
ich heize ein rîter und hân den sin,

gut oder böse?« Er antwortete: »Wer mir nichts tut, der wird auch mich zum Freund haben.« »Kannst du mich denn wissen lassen, was für eine Kreatur du bist?« [130] »Ein Mensch, wie du siehst.« »Sag mir: was ist deine Beschäftigung?« »Ich passe auf diese Tiere auf.« »Sag mir: tun sie dir nichts?« »Sie wären froh, wenn ich ihnen nichts täte. [135] Aber jetzt habe ich dir alles gesagt, wonach du zu fragen beliebt hast. Nun sollst auch du mir bereitwillig sagen, was du suchst.« Ich sagte: »Ich will [es] dich wissen lassen: [140] Ich suche ›âventiure‹.« Da sagte das Ungeheuer: »›âventiure‹ – was ist *das*?« »Das will ich dir verdeutlichen: Sieh, mit welchen Waffen ich ausgestattet bin; [145] ich trage die Bezeichnung ›Ritter‹ und habe vor, herumzureiten und

daz ich suochende rîte
einen man, der mit mir strîte,
der gewâfent sî als ich.
daz prîset in, und sleht er mich;
gesige aber ich im an,
sô hât man mich vür einen man
und wirde werder, danne ich sî.
sî dir nû nâhen ode bî
kunt umb selhe wâge iht,
des verswîc mich niht
unde wîse mich dar,
wand ich nâch anders niht envar.«
alsus antwurt er mir dô:
»sît dîn gemüete stât alsô,
daz dû nâch ungemache strebest
und niht gerne sanfte lebest,
ich engehôrte bî mînen tagen
selhes nie niht gesagen,
waz âventiure waere.
doch sag ich dir ein maere:
wil dû den lîp wâgen,
sone darft dû niht mê vrâgen;

---

einen Mann zu suchen, der mit mir kämpft und die gleichen Waffen trägt wie ich. Wenn er mich schlägt, ist es ruhmvoll für ihn; [150] wenn ich aber über ihn siege, gelte ich als Held, und mein Prestige vergrößert sich. Wenn du nun hier oder in der Nähe [eine Gelegenheit für] solchen Kampf weißt, [155] dann verschweige mir das nicht und zeige mir den Weg dorthin, denn nur darauf bin ich aus.« Folgendes gab er zur Antwort: »In meinem ganzen Leben habe ich nie gehört, [163] was ›âventiure‹ ist. [165] Da du aber so gesinnt bist, [160] daß du das Unbequeme suchst und kein ruhiges Leben führen willst, will ich dir etwas verraten: [166] Wenn du dein Leben aufs Spiel setzen willst, brauchst du nicht länger zu

hie ist ein brunne nâhen bî
über kurzer mile drî.
[...] in rüeret regen noch sunne
noch entrüebent in di winde.
des schirmet im ein linde,
daz man nie schoener gesach;
diu ist sîn schate und sîn dach.
[...]
und ob dem brunne stât ein
harte zierlîcher stein,
undersatzt mit vieren
marmelînen tieren;
der ist gelöchert vaste.
ez hanget von einem aste
von golde ein becke her abe.
jane waen ich niht, daz iemen habe
dehein bezzer golt danne ez sî.
diu keten, dâ ez hanget bî,
diu ist ûz silber geslagen.
wil dû danne niht verzagen,
sone tuo dem becke niht mê:
giuz ûf den stein, der dâ stê,
dâ mite des brunnen ein teil –

---

fragen. Hier in der Nähe ist eine Quelle, nur drei Meilen entfernt. [170] Weder Regen noch Sonne kommt an sie, und auch die Winde trüben sie nicht. Davor schützt sie eine Linde; die ist schöner als jede andere, und sie beschattet die Quelle und ist ihr Dach. [175] Oberhalb steht ein sehr kunstfertig [gearbeiteter] Stein auf vier Tieren aus Marmor. Dieser Stein ist tief ausgehöhlt. [180] Von einem Ast hängt ein Gefäß aus Gold herab. Ich glaube nicht, daß jemand Gold hat, das reiner ist. Die Kette, an der es hängt, [185] ist aus Silber getrieben. Wenn dich dann nicht dein Mut verläßt, so mach mit dem Gefäß nichts weiter, als daraus auf den Stein, der da steht, etwas Quellwasser zu gießen – [190]

deiswâr! sô hâstû guot heil,
gescheidestû mit êren dan.«
hin wîste mich der waltman
einen stîc ze der winstern hant.
ich vuor des endes unde vant
der rede eine wârheit,
als er mir hete geseit.
[...]
man gehoeret niemer mêre –
diu werlt stê kurz ode lanc –
sô wünneclîchen vogelsanc,
als ich ze der linden vernam,
dô ich derzuo geriten kam.
[...]
sî was mit vogelen bestreut,
daz ich der este schîn verlôs
und ouch des loubes lützel kôs.
der enwâren niender zwêne gelîch.
ir sanc was sô mislîch,
hôch unde nidere.
[...]
dô ich daz becke hangen vant,

---

wahrlich! wenn du dann wieder mit Ehre von dort wegkommst, dann ist das Glück dir gewogen.« Der Waldmann zeigte mir einen Weg dorthin, der zur Linken lag.[5] Ich schlug ihn ein und fand das bestätigt, [195] was er mir gesagt hatte. Niemals – so lange die Welt Bestand hat – wird man so herrlichen Vogelgesang hören [200] wie ich bei der Linde, als ich herangeritten kam. Die Linde war voller Vögel, so daß ich die Äste nicht mehr erblicken konnte und auch kaum noch etwas vom Laub bemerkte. [205] Nicht zwei Vögel sahen gleich aus, und auch ihr Gesang klang vielfältig in allen Tonhöhen. Als ich das Gefäß hängen sah, dachte ich

5. Links ist gemäß alter Anschauung die Unglücksseite.

dô gedâht ich des zehant,
sît ich nâch âventiure reit,
ez waere ein unmanheit,
obe ich dô daz verbaere,
ichn versuochte, waz daz waere.
und riet mir mîn unwîser muot,
der mir vil dicke schaden tuot,
daz ich gôz ûf den stein.
do erlasch di sunne, diu ê schein,
und zergienc der vogelsanc,
als ez ein swaerez weter twanc.
[...]
vil schiere dô gesach ich
in allen enden umbe mich
wol tûsent tûsent blicke.
dar nâch sluoc alsô dicke
ein alsô kreftiger donerslac,
daz ich ûf der erde gelac.
sich huop ein hagel unde ein regen –
wan daz mich der gotes segen
vriste von des weters nôt,
ich waere der wîle dicke tôt.
daz weter wart als ungemach,

---

mir sofort, [210] da ich nun einmal auf âventiure ausgeritten war, es sei feige, nicht in Erfahrung zu bringen, was es damit auf sich habe. Und mein törichter Sinn, der mir oft schadet, riet mir, [215] [Wasser] auf den Stein zu gießen. Da erlosch die Sonne, die vorher geschienen hatte, und der Vogelgesang hörte auf – Ursache war ein schweres Unwetter. [220] Alsbald sah ich in allen Richtungen um mich her unzählige Blitze. Danach rollten entsprechend viele Donner, [225] so daß ich zu Boden fiel. Hagel und Regen kamen auf – wenn Gottes Gnade mich nicht vor dem gefährlichen Unwetter geschützt hätte, wäre ich in dieser Zeit wohl mehrfach zu Tode gekommen. [230] Das Unwetter wurde so schrecklich,

daz ez den walt nider brach.
[. . .]
swaz lebete in dem walde,
ez entrünne denne balde,
daz was dâ zehant tôt.
ich hete von des weters nôt
mich des lîbes begeben
und enahte niht ûf mîn leben
und waere ouch sunder zwîvel tôt,
wan daz der hagel und diu nôt
in kurzer wîle gelac
und begunde liehten der tac.
dô diu vreise zergienc
und ez ze wetere gevienc –
waer ich gewesen vür wâr
bî dem brunnen zehen jâr:
ich enbegüzze in niemer mê
(wan ich het ez baz gelâzen ê!).
die vogele kâmen widere.
ez wart von ir gevidere
diu linde anderstunt bedaht.
sî huoben aber ir süezen braht
und sungen verre baz dan ê.

---

daß es den Wald niederbrach. Was im Wald lebte, war – wenn es sich nicht schnell geflüchtet hatte – sofort tot. [235] Unter den Gefahren des Unwetters hatte ich mein Leben aufgegeben und gab nichts mehr darauf. Ich wäre auch zweifellos tot gewesen, wenn sich nicht Hagel und Unwetter [240] bald gelegt hätten und das Tageslicht wieder gekommen wäre. Als das Entsetzliche vorbei war und sich das Wetter wieder beruhigt hatte – und wenn ich [245] zehn Jahre bei der Quelle geblieben wäre: nie mehr hätte ich den Stein begossen (hätte ich es doch schon vorher besser gelassen!). Die Vögel kehrten zurück. Die Linde wurde wieder von ihrem Gefieder [250] verdeckt. Erneut erhoben sie ihre süßen Töne,

[...]
jâ wând ich vreude ân ungemach
unangestlîchen iemer hân.
seht, dô trouc mich mîn wân:
mir nâhte laster unde leit.
nû seht, wâ dort her reit
ein rîter. des geverte
was grimme und alsô herte,
daz ich des wânde, ez waere ein her.
iedoch bereite ich mich ze wer.
[...]
als ab ich in einen sah,
mîn vorhte und mîn ungemach
wart gesenftet iedoch
und gedâhte ze lebenne noch
und gurte mînem orse baz.
dô ich dâ wider ûf gesaz,
dô was er komen, daz er mich sah.
vil lûte rief er unde sprach,
dô er mich aller verrest kôs:
»rîter, ir sît triuwelôs:

---

sangen sogar noch weit schöner als vorher. Ich glaubte, für immer in diesem uneingeschränkten Hochgefühl bleiben zu können. [255] Doch schaut, meine Einbildung täuschte mich: Schande und Leid nahten sich mir. Nun stellt euch das Bild vor, wie dort ein Ritter herangaloppiert kam. Sein Gehabe war wütend und so grimmig, [260] daß ich [zunächst] glaubte, es handele sich um ein ganzes Heer. Trotzdem machte ich mich abwehrbereit. Als ich jedoch sah, daß es sich nur um einen einzelnen handelte, legten sich [265] meine Furcht und mein Unbehagen; ich dachte, mein Leben behalten zu können und zog meinem Pferd den Sattelgurt nach. Nachdem ich wieder aufgesessen war, war er so weit herangekommen, daß er mich sehen konnte. Schon von ganz weitem [271] schrie er: [270] »Ritter, Ihr habt den Frieden

mirn wart von iu niht widerseit
und habent mir lasterlîchez leit
in iuwer hôchvart getan.
nu wie sihe ich mînen walt stân!
den habent ir mir verderbet
und mîn wilt ersterbet
und mîn gevügele verjaget.
iu sî von mir widersaget.«
[...]
dô bôt ich mîn unschulde
und suochte sîne hulde,
wan er was mêrre danne ich.
done sprach er niht wider mich,
wan daz ich mich werte,
ob ich mich gerne nerte.
dô tete ich, daz ich mohte,
daz mir doch lützel tohte.
ich tjostierte wider in –
des vuort er mîn ors hin.
daz beste heil, daz mir geschach,
daz was, daz ich mîn sper zebrach.
vil schône sazte mich sîn hant

---

gebrochen. Denn mir wurde von Euch keine Fehde angesagt, trotzdem aber schändliches Leid zugefügt, und dies auf anmaßende Weise. [275] In welchem Zustand sehe ich meinen Wald stehen! Ihr habt ihn mir vernichtet, mein Wild zu Tode gebracht und meine Vögel vertrieben. [Jetzt] sage *ich* Euch Fehde an.« [280] Ich hielt ihm meine Unschuld vor und suchte seine Gnade – denn er war stärker als ich. Aber er sagte nichts darauf, sondern nur, ich solle mich wehren, [285] wenn ich mich retten wolle. Da tat ich, was ich konnte – was mir aber überhaupt nichts nützte. Ich nahm den Lanzenkampf gegen ihn auf – so konnte er [später] mein Pferd mitnehmen. [290] Mein größter ›Erfolg‹ war, daß ich meine Lanze zerbrach. Auf vollendete Weise warf er mich hinter

hinder daz ors ûf daz lant,
daz ich vil gar des vergaz,
ob ich ûf ors ie gesaz.
er nam mîn ors und lie mich ligen.
mir was gelückes dâ verzigen.
done muote mich niht sô sêre,
ern bôt mir nie die êre,
daz er mich wolde ane gesehen.
dô im diu êre was geschehen,
dô gebârte er rehte diu gelîch,
als im aller tegelîch
zehenstunt geschaehe alsame.
der prîs was sîn und mîn diu schame.
[...]
ouch hete der künec ûf sîn zil
geslâfen und erwachte sâ
unde enlac ouch niht langer dâ.
er gienc hin ûz zuo in zehant,
dâ er sî sament sitzen vant.
[...]
diu künegin saget im her wider

---

das Pferd auf den Boden, so daß ich völlig vergaß, [295] ob ich jemals auf einem Pferd gesessen hatte. Er nahm mein Pferd; mich ließ er [einfach] liegen. Das Glück hatte mich verlassen. Aber mich kränkte nichts so sehr wie der Umstand, daß er mir nicht einmal die Achtung erwies, [300] mich anzusehen. Nachdem er die Ehre eingesteckt hatte, verhielt er sich ganz so, als ob ihm das jeden Tag zehnmal widerfahre. [305] Der Ruhm war sein, ich hatte die Schande. – [Inzwischen] hatte nun auch der König [Artus] ausgeschlafen, war aufgewacht und blieb nicht länger liegen. Er ging sofort zu ihnen[6], [310] dorthin, wo sie zusammensaßen. Die Königin gab die ganze Geschichte von Kalogrenants trauri-

6. d. h. zu der Gruppe von Rittern und der Königin, denen Kalogrenant sein Erlebnis erzählt hat.

Kâlogrenandes swaere
und elliu disiu maere.
nû hete der künec die gewonheit,
daz er nimmer deheinen eit
bî sînes vater sêle swuor,
wan des er benamen volvuor.
Uterpandragôn was er genant.
bî im swuor er des zehant –
daz hiez er über al sagen! –,
daz er in vierzehen tagen
und rehte an sant Jôhannes naht
mit aller sîner maht
zuo dem brunnen wolde komen.
dô sî daz heten vernomen,
daz dûhte si rîterlich und guot,
wan dar stuont ir aller muot.
ich enweiz, wem liebe dran geschach –
ez was dem hern Îwein ungemach,
wand er sich hete an genomen,
daz er dar eine wolde komen.
er gedâhte: »ich enmac daz niht bewarn,

---

gem Erlebnis für ihn noch einmal wieder. Nun pflegte es aber der König so zu halten, [315] keinen Eid, den er bei der Seele seines Vaters schwor, abzulegen, ohne ihn auch einzuhalten. Der Name dieses Vaters war Uterpandragon; und bei ihm schwor Artus sogleich – [320] und ließ es auch überall bekannt machen! –, in vierzehn Tagen, genau zur Johannisnacht, mit seinem ganzen Hofstaat zu der Quelle zu kommen. [325] Als man das vernommen hatte, schien ihnen das rittergemäß und vortrefflich – denn alle wollten dorthin. Und wenn ich auch nicht [im einzelnen] weiß, für wen das Grund zur Freude war – Herr Iwein immerhin war bekümmert deswegen; [330] denn er hatte sich [schon] vorgenommen, allein dorthin zu ziehen. Er dachte sich: »Wenn der

und wil der künec selbe varn,
mir enwerde mîn rîterschaft benomen.
mir sol des strîtes vür komen
mîn her Gâwein.
des enist zwîvel dehein:
als schiere er des strîtes gert,
ern werde ez vür mich gewert.
entriuwen! ez sol anders varn:
ich kan daz harte wol bewarn,
swer vierzehen tage erbîtet,
daz er vor mir niht enstrîtet.
wan ich sol in disen drîn tagen
des endes varn und niemen sagen
in den walt ze Breziljân.

König selbst hinreiten will, werde ich es nicht verhindern können, daß *mir* die Gelegenheit zu ritterlichem Tun genommen wird. [335] Herr *Gawein* wird mir bei diesem Kampf zuvorkommen. Zweifellos wird man ihm, sobald er nach diesem Kampf verlangt, das vor mir zugestehen. [340] Aber wahrhaftig! das soll anders ablaufen: ich kann es wohl schon verhindern, daß jemand, der vierzehn Tage warten will, vor mir zum Kampf kommt. Denn ich werde noch binnen drei Tagen, [345] ohne jemand etwas davon zu sagen, dorthin in den Wald von Breziljan ziehen.«[7]

7. Dieser Entschluß Iweins ist wichtig für die Interpretation des gesamten Textes. Der Begriff *âventiure* (etymologisch abstammend von lat. ad-ventura, das, was [auf jemand zu]kommen wird) schließt im Rahmen des klassischen Artusromans eigentlich ein, daß niemand Einfluß darauf hat, ob ihm *âventiure* widerfährt. *âventiure* ist Auserwählten vorausbestimmt, stellt eine Gnade dar und bietet Gelegenheit zur Bewährung. Insofern ist *âventiure* keinesfalls mit dem nhd. Wort ›Abenteuer‹ zu übersetzen. – Dem Plan Iweins haftet also nach mittelalterlichem Verständnis etwas Willkürliches und Hochmütiges an; auch Kalogrenants vorherige Abenteuer*suche* entsprach nicht dem ›eigentlichen‹ Sinn von *âventiure*.

7. Wolfram von Eschenbach: Parzival (beendet um 1210)
Die Tafelrunde; 309,3–30

Gawan hat Parzival dazu gebracht, Artus aufzusuchen, der schon lange nach ihm geforscht hat. Er wird mit einem Fest empfangen.

Nu râtet, hoeret unde jeht,
ob tavelrunder meg ir reht
des tages behalden. wande ir phlac
Artûs, bî dem ein site lac:
nehein rîter vor im az
des tages, swenn Âventiure vergaz,
daz si sînen hof vermeit.
im ist âventiure nu bereit;
daz lop muoz tavelrunder hân.
swie si waer ze Nantes lân,
man sprach ir reht ûf bluomen velt;
dane irte stûde noch gezelt.
der künec Artûs daz gebôt
ze êren dem rîter rôt.

7.
Nun ratet, hört und sagt [dann], ob die Tafelrunde ihre Satzung an diesem Tag erfüllen konnte. Denn sie wurde geleitet von Artus, der eine feststehende Gewohnheit hatte: kein Ritter speiste bei ihm [5] an einem Tag, an dem Frau Aventiure vergaß, seinen Hof aufzusuchen. [Aber] nun steht ja eine ›âventiure‹ bevor; das zeichnet die Tafelrunde ohne Zweifel aus. Obwohl man die [runde Tafel] in Nantes gelassen hatte, [10] leistete man ihr Genüge auf einer Blumenwiese, wo weder Strauch noch Zelt hinderte. König Artus hatte das angeordnet zu Ehren des roten Ritters.[8] So

8. Diesen Beinamen führt Parzival, seit er im Kampf eine rote Rüstung erobert hat.

sus nam sîn werdekeit dâ lôn.
ein phelle von Acratôn,
ûz heidenschefte verre brâht,
wart ze eime zil aldâ gedâht,
niht breit, sinewel gesniten
al nâch tavelrunder siten.
wande in ir zuht des verjach –
nâch gegenstuol dâ niemen sprach;
diu gesitz wârn al gelîche hêr.
der künec Artûs gebôt in mêr,
daz man werde rîter und werde vrouwen
an dem ringe müese schouwen.
die man dâ gein prîse maz;
magt, wîp und man ze hove dô az.

---

wurden dessen Wert und Würde dort honoriert. [15] Ein Seidenstoff aus Acraton, der aus fernem Heidenland stammte, wurde dazu ausersehen [die runde Tafel zu ersetzen]; [das Tuch] war nicht viereckig, sondern rund geschnitten, wie es der Art der Tafelrunde entsprach. [20] Denn ihre Ordnung erforderte es, daß niemand sich beim Reden einem Ehrenplatz zuwenden mußte – alle Plätze waren gleichrangig. Weiter befahl König Artus ihnen[8a], daß Ritter und Damen, die dieser Ehre wert seien, [25] ringsherum zu sehen sein sollten. Diese wählte man nur nach zuerkanntem Wert aus; und so speisten dort am Hof Mädchen, Frauen und Männer.

8a. Der König Artus der deutschen und französischen Epen ist mit wenigen Ausnahmen beschränkt auf die Funktion desjenigen, der den äußeren Rahmen und Ablauf zu garantieren hat. Ihm haftet für heutige Begriffe daher etwas Passives, oft sogar Hilfloses an. Artus ist aber gleichsam ein *Symbol*, als Zentrum seines Kreises ein ruhender Pol. (Ähnliches läßt sich bei der dichterischen Darstellung von Personen wie König Etzel [Attila] oder Karl dem Großen beobachten.) Die ideelle Funktion, die Rolle der Normen setzenden und beurteilenden Instanz wird z. B. dann besonders deutlich, wenn Mitglieder der Tafelrunde ihre besiegten Gegner an den Artushof schicken, um dort ihre Taten verkünden zu lassen.

8. Wolfram von Eschenbach: Parzival
Vorgeschichte: Parzivals Vater Gahmuret; 4,27–14,11 (Auszüge)

Sie pflegents noch, als mans dô pflac,
swâ lît und welhsch gerihte lac,
des pfliget ouch tiuscher erde ein ort –
daz habt ir âne mich gehôrt:
swer ie dâ pflac der lande,
der gebôt wol âne schande
(daz ist ein wârheit sunder wân),
daz der eltest bruoder solde hân
sîns vater ganzen erbeteil.
daz was der jungern unheil,
daz in der tôt die pflihte brach,
als in ir vater leben verjach.
dâ vor waz ez gemeine –
sus hât ez der alter eine.
daz schuof iedoch ein wîse man,
daz alter guot solde hân.
jugent hât vil werdekeit,

8.

Heute wie früher ist überall, wo das französisch-fränkische [Erb-]Recht gilt (und das ist ja auch in manchen deutschen Gegenden der Fall – wie ihr ohne mich wissen werdet), folgendes Brauch: Wer Land besaß, [5] der verfügte, ohne etwas Schändliches zu tun, daß – ich rede hier die Wahrheit und erfinde nichts! – der älteste Bruder das gesamte väterliche Erbe erhalten sollte. Für die jüngeren [Brüder] war es schlimm, [10] daß ihnen [dadurch] der Tod die Rechte nahm, die das Leben des Vaters gesichert hatte. Vorher stand der [Besitz] allen zur Verfügung, jetzt besitzt einer alles. Trotzdem war es die Idee eines klugen Mannes, [15] daß das Alter den Besitz haben soll. Denn die Jugend führt [ohnehin] ein freudenreiches Leben, das Alter aber kennt nur Seufzen und

daz alter siuften unde leit.
ez enwart nie niht als unfruot,
sô alter unde armuot.
künge, grâven, herzogen
(daz sag ich iu für ungelogen) –
daz die dâ huobe enterbet sint
unz an daz elteste kint:
daz ist ein fremdiu zeche.
der kiusche und der vreche
Gahmuret, der wîgant,
verlôs sus bürge unde lant,
dâ sîn vater schône
truoc zepter unde krône
mit grôzer küneclîcher kraft,
unz er lac tôt an rîterschaft.
dô klagte man in sêre;
die ganzen triwe und êre
brâht er unz an sînen tot.
sîn elter sun für sich gebôt
den fürsten ûzem rîche.
die kômen ritterlîche,
wan si ze rehte solden hân

Kümmernis. Es gibt nichts Traurigeres als Alter *und* Armut. [20] Daß aber Könige, Grafen, Herzöge – und das ist nicht gelogen! – bis auf den ältesten Sohn des gesamten Landbesitzes enterbt werden, das ist schon eine befremdliche Einrichtung. – [25] Auf diese Art verlor auch der besonnene, dabei aber wagemutige Held Gahmuret die Städte und Ländereien, über die sein Vater in großer Pracht mit Zepter und Krone [30] als mächtiger König geherrscht hatte, bis er auf die Weise eines Ritters ums Leben gekommen war. Man beklagte ihn sehr; denn bis zu seinem Tod hatte er pflichttreu und ehrenvoll gelebt. [35] Sein ältester Sohn ließ die Fürsten des Reiches vor sich erscheinen. Sie kamen als echte Ritter, denn es war ihr Recht und ihre Pflicht, sich ihre

von im grôz lêhen sunder wân.
dô si ze hove wâren komen
und ir reht was vernomen,
daz si ir lêhen alle enpfiengen,
nu hoeret, wie siz ane viengen:
si gerten, als ir triwe riet,
rîch und arme, gar diu diet,
einer kranken ernstlîcher bete,
daz der künec an Gahmurete
bruoderlîche triwe mêrte
und sich selben êrte,
daz er in niht gar verstieze
und im sînes landes lieze
hantgemaelde, daz man möhte sehen,
dâ von der hêrre müese jehen
sîns namen und sîner vrîheit.
daz was dem künege niht ze leit;
er sprach: »ir kunnet mâze gern –
ich wil iuch des und fürbaz wern.
wan nennet ir den bruoder mîn

---

großen Lehen von ihm bestätigen zu lassen. [40] Hört, was sie machten, [44] nachdem sie am Hof erschienen [41] und ihre Ansprüche gehört worden waren mit der Folge, daß sie alle ihre Lehen empfangen hatten: In ihrer treuen Verbundenheit [45] brachten sie alle, reich und arm, eine kleine, aber herzliche Bitte vor; der König möge [durch sein Verhalten] gegenüber Gahmuret seiner brüderlichen Treue die Krone aufsetzen und sich dadurch auch gleichzeitig selbst Anerkennung verschaffen, [50] indem er ihn nicht ganz enterbe, sondern ihm aus seinem Landbesitz ein Stammgut überlasse, damit er etwas vorzuweisen habe, von dem er [das Recht auf] seinen [Geschlechts-]Namen und seine freiadlige Geburt ableiten könne. [55] Der König war damit nur zu sehr einverstanden; er sagte: »Eure Bitte ist berechtigt – das und noch mehr will ich Euch gewähren. Ihr könnt meinen

Gahmuret Anschevîn?
Anschouwe ist mîn lant;
dâ wesen beide von genant.«
sus sprach der künec hêr.
»mîn bruoder, der mac sich mêr
der staeten hilfe an mich versehen,
denne ich sô gâhes welle jehen.
er sol mîn ingesinde sîn.
deiswâr – ich tuon iu allen schîn,
daz uns beide ein muoter truoc.
er hât wênec und ich genuoc;
daz sol im teilen sô mîn hant,
dês mîn saelde niht sî pfant
vor dem, der gît unde nimt –
ûf reht in bêder der gezimt.«
dô die fürsten rîche
vernâmen al gelîche,
daz ir hêrre triwen pflac,
daz was in ein lieber tac.
ieslîcher im sunder neic.

Bruder ruhig Gahmuret Anschewin nennen. [60] Mein Land heißt Anschouwe[9] – danach sollen wir beide unseren Namen haben.« So sprach der erhabene König. »Aber noch mehr dauerhafte Unterstützung kann mein Bruder von mir erwarten, [65] als ich jetzt so schnell sagen kann. Er soll Mitglied meines Hauses und Hofes sein. Wahrlich – ich werde Euch allen zeigen, daß wir Kinder der gleichen Mutter sind. Er hat wenig, ich habe sehr viel; [70] und das [Meine] will ich so mit ihm teilen, daß nicht der mir seinen Segen entzieht, dem das oberste Recht auf Geben und Nehmen zusteht.« Als die mächtigen Fürsten [75] das alle hörten, daß ihr [neuer] Herr seine Treueverpflichtungen einhielt, da war ihnen das eine große Freude an diesem Tag. Jeder einzelne von ihnen

9. Anjou.

Gahmuret niht langer sweic
der volge; als im sîn herze jach,
zem künege er güetlîchen sprach:
»hêrre und bruoder mîn!
wolt ich ingesinde sîn
iwer oder deheines man,
sô het ich mîn gemach getân.
nu prüevet dar nâch mînen prîs –
ir sît getriuwe unde wîs –
und râtet, als ez geziehe nu;
dâ grîfet helflîche zuo.
niht wan harnasch ich hân;
het ich dar inne mêr getân,
daz virrec lop mir braehte,
eteswâ man mîn gedaehte.«
Gahmuret sprach ave sân:
»sehzehen knappen ich hân,
der sehse von îser sint.
dar zuo gebt mir vier kint
mit guoter zuht, von hôher art;

---

verbeugte sich dankend vor ihm. Gahmuret aber schloß sich dem nicht schweigend an, [80] sondern sagte, wie sein Herz es ihm eingab, freundlich zum König: »Herr und Bruder! Wenn ich Haus- und Hofgenosse von Euch oder irgendeinem anderen sein wollte, [85] dann hätte ich sicher für meine Bequemlichkeit gesorgt. Aber beurteilt danach selbst meinen Wert – Ihr seid ja aufrichtig und klug – und ratet zum Richtigen; und dabei helft mir dann. [90] Ich habe zwar einen Harnisch – aber hätte ich doch darin nur schon mehr geleistet, was mir weit verbreiteten Ruhm einbringen könnte; dann würde man sich hier und da schon an mich erinnern.« Erneut hob Gahmuret an: [95] »Ich habe sechzehn Knappen, sechs davon in Rüstung. Gebt mir dazu noch vier weitere wohlausgebildete junge Adlige: sie sollen

vor den wirt nimmer niht gespart,
des ie bejagen mac mîn hant.
ich wil kêren in diu lant
(ich hân ouch ê ein teil gevarn).
ob mich gelücke wil bewarn,
so erwirbe ich guotes wîbes gruoz.
ob ich ir dar nâch dienen muoz
und ob ich des wirdec bin,
sô raetet mir mîn bester sin,
daz ichs mit rehten triwen pflege.
got wîse mich der saelden wege.«
[...]
der künec in alles werte,
mêr, denne er selbe gerte:
fünf ors erwelt und erkant
de besten über al sîn lant,
küene, starc, niht ze laz;
manec tiwer goltvaz
und mangen guldînen klôz.
den künec wênec des verdrôz,

---

reichlich von dem bekommen, [100] was ich erwerben werde. Ich will hinaus in [andere] Länder ziehen (ich bin ja früher auch schon umhergezogen). Wenn mir das Glück hold ist, werde ich auch die Aufmerksamkeit einer edlen Frau erringen. [105] Wenn ich ihr später dann auch noch dienen kann und mich dessen wert und würdig erweise, werde ich mich ihrer mit aufrichtiger Treue annehmen; [109] denn das ist der beste Rat, den mir meine innere Stimme eingibt. [108] Gott möge mich die Straßen des Glücks führen.« – [110] Der König gewährte ihm alles, und zwar noch mehr als das, worum er selbst gebeten hatte: fünf auserlesene Pferde, die als die besten im ganzen Land galten, feurig, kräftig und schnell; [115] viele kostbare Goldgefäße und Mengen unbearbeiteten Goldes. Der König ließ sich auch nicht davon

er enfultes im vier soumschrîn;
gesteines muose ouch vil dar in.
dô si gefüllet lâgen,
knappen, die des pflâgen,
wârn wol gekleidet und geriten.
[...]
urloup nam der wîgant.
[...]
im wart gesagt, ze Baldac
waere ein sô gewalttic man,
daz im der erde undertân
diu zwei teil waeren oder mêr.
sîn name heidensch was sô hêr,
daz man in hiez den ›bâruc‹.
er hete an krefte alsolhen zuc,
vil künege wâren sîne man,
mit krôntem lîbe undertân.
dez bâruc-ambet hiute stêt.
seht, wie man kristen ê begêt
ze Rôme, als uns der touf vergiht,

---

abhalten, ihm damit vier Transportbehälter zu füllen, in die dann auch noch viele Edelsteine kamen. [120] Nachdem sie gefüllt waren, kamen sie in die Obhut von Knappen, die prächtig gekleidet und gut beritten waren. Der Held nahm Abschied. Er hatte gehört, daß in Baldac[10] [125] ein Herrscher lebe, so mächtig, daß ihm zwei Drittel der Erde oder noch mehr untertan seien. Bei den Heiden war sein Name so angesehen, daß man ihn den ›Baruc‹[11] nannte. [130] Seine Macht war derart angewachsen, daß [sogar] viele Könige seine Vasallen und ihm, obwohl sie Kronen trugen, untertan waren. Dieses Herrscheramt des Baruch gibt es heute noch. Denn seht: so, wie man die Ordnung der Christenheit in Rom festlegt, [135] wie es uns durch die Taufe bestimmt ist,

10. wahrscheinlich Bagdad.
11. arab. und hebr. baruch, der Gesegnete.

heidensch orden man dort siht;
ze Baldac nement se ir bâbestreht
(daz dunket se âne krümbe sleht):
der bâruc in für sünde
gît wandels urkünde.
[...]
dar kom der junge Anschevîn.
dem wart der bâruc vil holt.
jâ nam nâch dienste aldâ den solt
Gahmuret, der werde man.

9. Gottfried von Straßburg: Tristan (um 1210)
Tristans Erziehung; 2041–2141 (Auszüge)

Nû daz daz kint getoufet wart,
nach kristenlîchem site bewart,
diu tugentrîche marschalkîn
nam aber ir liebez kindelîn
in ir vil heimelîche phlege.
si wolde wizzen alle wege

---

so wird dort die heidnische Ordnung festgelegt; in Baldac holen sie *ihre* päpstlichen Bestimmungen (und das scheint ihnen so eben richtig zu sein): der Baruch erteilt ihnen für ihre Sünden [140] die Absolution. Dorthin zog [also] der junge Anschewin. Der Baruch ward ihm sehr zugetan, und so trat der vornehme Gahmuret dort gegen Unterhalt in Dienst. [145]

9.

Nachdem das Kind getauft und [also] nach christlichem Brauch geschützt war, nahm die ›tugendreiche‹ Frau des Marschalls ihr geliebtes Kindchen in ihre ganz persönliche Obhut. [5] Sie wollte bei jeder Gelegenheit wissen und

und sehen, ob ime sîn sache
stüende ze gemache.
sîn süeziu muoter leite an in
mit alsô süezem flîze ir sin,
daz si ime des niht engunde,
daz er ze keiner stunde
unsanfte nider getraete.
nu si daz mit im haete
getriben unz an sîn sibende jâr,
daz er wol rede und ouch gebâr
vernemen kunde und ouch vernam,
sîn vater, der marschalc, in dô nam
und bevalch in einem wîsen man.
mit dem sante er in iesâ dan
durch fremde sprâche in fremdiu lant
und daz er aber al zehant
der buoche lêre anvienge
und den ouch mite gienge
vor aller slahte lêre.
daz was sîn êrstiu kêre
ûz sîner frîheite;
dô trat er in daz geleite

---

sehen, ob alles, was ihn betraf, zu seinem Besten eingerichtet sei. Seine gütige Mutter richtete auf ihn ihr ganzes Bemühen mit so liebenswerter Aufmerksamkeit, [10] daß sie es nicht zuließ, daß ihm jemals etwas Böses zustieß. Als sie so mit ihm bis zu seinem siebten Lebensjahr verfahren war, [15] so daß er Sprechen und gutes Benehmen zu beherrschen wußte und dieses Können auch anwendete, da nahm ihn sein Vater, der Marschall, zu sich und vertraute ihn einem gebildeten Mann an. Mit diesem schickte er ihn ins Ausland, [20] damit er dort Fremdsprachen lerne; vor allem solle er sofort mit dem Lesen anfangen und sich damit vor allen anderen Lernstoffen beschäftigen. [25] Das war Tristans erster Schritt aus der Freiheit; er begab sich in die Gesellschaft drängender

betwungenlîcher sorgen,
die ime dâ vor verborgen
und vorbehalten wâren.
[...]
der buoche lêre und ir getwanc
was sîner sorgen anevanc.
und iedoch: dô er ir began,
dô leite er sînen sin dar an
und sînen flîz sô sêre,
daz er der buoche mêre
gelernete in sô kurzer zît,
danne kein kint ê oder sît.
under disen zwein lernungen
der buoche und der zungen
sô vertete er sîner stunden vil
an iegelîchem seitspil;
dâ kêrte er spâte unde fruo
sîn emsekeit sô sêre zuo,
bis er ez wunders kunde.
er lernete alle stunde –
hiute diz und morgen daz,
hiure wol, ze jâre baz.

Sorgen, die ihm vorher unbekannt waren [30] und vor denen man ihn beschützt hatte. Die Buchgelehrsamkeit und der damit verbundene Zwang waren der Beginn seiner Sorgen. Und trotzdem: nachdem er erst einmal damit angefangen hatte, verwandte er seinen ganzen Verstand [35] und Fleiß so sehr darauf, daß er mehr Bücher in kurzer Zeit gelesen hatte, als jemals ein Kind vor oder nach ihm. Zwischen Literatur- [40] und Sprachstudium verbrachte er einen großen Teil seiner Zeit mit jeder Art von Saitenspiel; früh und spät verwandte er seinen Fleiß darauf, [45] bis er es hervorragend beherrschte. Er lernte immerzu – heute dies, morgen das, in diesem Jahr gut, im nächsten besser. Über dies alles hinaus

über diz allez lernete er
mit dem schilte und mit dem sper
behendeclîche rîten,
daz ors ze beiden sîten
bescheidenlîche rüeren,
von sprunge ez vreche füeren,
turnieren unde leisieren,
mit schenkeln sambelieren
rehte und nâch ritterlîchem site;
hie bankete er sich oft mite.
wol schirmen, starke ringen,
wol loufen, sêre springen,
dar zuo schiezen den schaft,
daz tete er wol nâch sîner kraft.
ouch hoere wir diz maere sagen,
ez gelernete birsen unde jagen
nie kein man sô wol sô er,
ez waere dirre oder der.
aller hande hovespil
diu tete er wol und kunde ir vil.
ouch was er an dem lîbe,

---

lernte er [50] mit Schild und Speer in guter Körperbeherrschung zu reiten, dem Pferd auf beiden Flanken energisch die Sporen zu geben, es beherzt springen zu lassen, [55] zu tummeln und auch mit verhängtem Zügel laufen zu lassen, mit den Schenkeln zu versammeln, so wie es richtig ist und ritterlicher Brauch; damit vergnügte er sich. Sich gut zu schützen, mit Kraft zu ringen, [60] schnell zu laufen, weit zu springen und überdies den Speer zu werfen – darin war er, entsprechend seiner Kraft, sehr gut. Auch berichtet unsere Quelle, daß Pirschen und Jagen [65] nie jemand so gut gelernt hat wie er, gleichgültig, wer es auch sein mag. Mit allen Arten höfischer Betätigung beschäftigte er sich und verstand sich auf viele. Auch war sein Körper so beschaffen, [70]

daz jungelinc von wîbe
nie saeleclîcher wart geborn.
sîn dinc was allez ûz erkorn
beide an dem muot und an den siten.
[...]
nû sîn vierzehende jâr vür kam,
der marschalc in heim dô nam
und hiez in ze allen zîten
varn unde rîten,
erkunnen liute unde lant,
durh daz im rehte würde erkant,
wie des landes site waere.
diz tete der lobebaere
sô lobelîchen unde alsô,
daz in den zîten unde dô
in allem dem rîche
nie kint sô tugentlîche
gelebete alse Tristan.

---

daß nie ein Knabe von einer Frau geboren worden ist, der [in dieser Hinsicht] begünstigter gewesen wäre. Alles an ihm war vorzüglich, sowohl sein Charakter als auch sein Benehmen. Als er nun ins vierzehnte Lebensjahr gekommen war, [75] da holte ihn der Marschall wieder heim und ließ ihn immer wieder losziehen, um Leute und Land kennenzulernen, damit er genaue Kenntnis darüber erhielte, [80] wie die Sitten des Landes seien. Dies machte der Preiswürdige auch auf eine solch lobenswerte Art und Weise, daß es damals im ganzen Reich [85] keinen mit solch guten Eigenschaften begabten jungen Menschen gab wie Tristan.

10. Gottfried von Straßburg: Tristan
Tristan und die Jäger; 2786–2932 (Auszüge)

Norwegische Kaufleute, die von Tristans ungewöhnlichen Kenntnissen und Fähigkeiten beeindruckt sind, entführen ihn auf ihrem Schiff. Als jedoch ein lebensgefährlicher Sturm aufkommt, geloben die Kaufleute, Tristan freizugeben, wenn Gott sie rette. Der Sturm legt sich, und Tristan wird an der Küste von Kurnewal (= Cornwall) an Land gesetzt. Auf seinem Weg landeinwärts trifft er Jäger, die gerade einen Hirsch erlegt haben. Höflich begrüßt man sich.

Nû daz der hirz gevellet wart,
der da jegermeister was,
der stracte in nider ûf daz gras
ûf alle viere sam ein swîn.
»wie nû, meister, waz sol diz sîn?«
sprach aber der höfsche Tristan;
»lât stân – durch got, waz gât ir an?
wer gesach ie hirz zewirken sô?«
der jeger stuont ûf hôher dô,
er sach in an und sprach im zuo:
»wie wiltu, kint, daz ich im tuo?
hie ze lande enist kein ander list,
wan, als der hirz enthiutet ist,

10.

Nachdem der Hirsch erlegt worden war, streckte ihn der Jagdmeister auf das Gras nieder – auf alle Viere wie ein Schwein! »Wie, Meister, was soll *das* denn sein?« [5] fragte der höfisch erzogene Tristan; »laßt das – um Gottes willen, was fangt Ihr da an? Wer hat je gesehen, daß ein Hirsch *so* zerwirkt wird?« Der Jäger richtete sich auf, sah ihn an und fragte ihn: [10] »Wie möchtest du denn, Junge, daß ich mit ihm verfahre? Hierzulande gibt es keine andere Methode als die, wenn der Hirsch enthäutet ist, ihn der Länge nach, vom

sô spaltet man in über al
von dem houbete ze tal
und dâ nâch danne in viere,
sô daz der vier quartiere
dekeinez iht vil groezer sî
danne daz ander dâ bî.
diz ist in disem lande site.
kint, kanst dû ihtes dâ mite?«
»jâ, meister,« sprach er wider in.
»daz lant, dâ ich gezogen bin,
dâ ist der site niht alsô.«
»wie danne?« sprach der meister dô.
»man enbestet dâ den hirz.«
»entriuwen, friunt, dû enzeigest mirz,
sone weiz ich, was enbesten ist.
ez enweiz nieman disen list
in disem künecrîche hie.
so engehôrte ich in ouch genennen nie
von kunden noch von gesten.
trût kint, waz ist enbesten?
als guot dû sîst, nû zeige mirz.

Kopf abwärts, [15] und dann quer zu zerspalten, so daß keins der vier Teile größer ist als das andere. Das ist in unserem Land der Brauch. [20] Verstehst du denn etwas davon?« »Ja, Meister«, antwortete Tristan. »Das Land, in dem ich erzogen wurde, kennt diese Methode nicht.« »Welche denn?« fragte der Jagdmeister. [25] »Dort ›enbestet‹[12] man den Hirsch.« »Wahrhaftig, Freund, wenn du mir das nicht zeigst, dann kann ich mir unter ›enbesten‹ nichts vorstellen. Niemand kennt dieses Verfahren hier in diesem Königreich. [30] Auch habe ich weder von Einheimischen noch von Fremden je davon gehört. Lieber junger Mann, was ist ›enbesten‹? Sei so gut und zeig mir das. Komm, ›enbeste‹

12. Fachausdruck für das Enthäuten und Zerlegen des Hirschs nach der im folgenden beschriebenen Methode.

gâ her, enbeste disen hirz.«
Tristan sprach: »lieber meister mîn,
sol ez mit iuwern hulden sîn
und mac iu liep dar an geschehen,
sô lâze ich iuch vil gerne sehen,
als verre als ichz gemerket hân,
wie mîn lantsite ist getân,
als ir dâ vrâget umbe den bast.«
der meister sach den jungen gast
vil guotlîche lachende an,
wan er was selbe ein höfscher man
und erkande al die fuoge wol,
die guot man erkennen sol.
[...]
Tristan, der ellende knabe,
sînen mantel zôch er abe
und leite den ûf einen stoc.
er zôch hôher sînen roc,
sîne ermel vielt er vorne wider,
sîn schoene hâr daz streich er nider,
ûf sîn ôre leite er daz.

---

diesen Hirsch.« [35] Tristan sagte: »Lieber Meister, wenn Ihr es erlaubt und wenn Euch damit ein Gefallen getan wird, will ich Euch gern zeigen – soweit ich mir die Sache gemerkt habe –, [40] wie der Brauch meines Landes ist, um Eure Frage nach dem ›bast‹[13] zu beantworten.« Der Jagdmeister sah den jungen Fremdling mit wohlwollendem Lächeln an, denn er war selbst ein höfisch erzogener Mann [45] und hatte also einen Blick für passendes Benehmen, das ein edler Mensch erkennen muß. Tristan, der junge Landfremde, zog seinen Mantel aus und legte ihn auf einen Baumstumpf. [50] Er zog seinen Rock höher, schlug die Ärmel hoch und strich sein schönes Haar hinter die Ohren

13. Substantiv für den Vorgang des ›enbesten‹.

nû besâhen sî baz unde baz,
die dâ zem baste wâren,
sîn gelâz und sîn gebâren;
daz nâmen sî alle in ir muot
und dûhte sî daz alse guot,
daz sîz vil gerne sâhen
und in ir herzen jâhen,
sîn dinc waere allez edelîch,
sîniu kleider fremede unde rîch,
sîn lîp ze wunsche getân.
si begunden alle zuo im gân
und sîner dinge nemen war.
nû gie der ellende dar,
der junge meister Tristan.
er greif den hirz mit henden an
und wolte in ûf den rucke legen.
done kunde er in nie dar gewegen,
wan er was ime ze swaere.
dô bat der hovebaere,
daz sî in im rehte leiten
und ûf den bast bereiten.

---

zurück. Die beim ›bast‹ Anwesenden [56] betrachteten mit steigender Aufmerksamkeit [55] seine Gestalt und sein Benehmen; sie prägten es sich ein und fanden es so vorzüglich, daß sie mit Freude zusahen [60] und bei sich dachten: »Sein ganzes Auftreten ist von adligem Wesen, seine Kleidung fremd und kostbar, sein Körper von idealer Schönheit.« Sie traten alle zu ihm heran [65] und achteten auf das, was er machte. Nun ging der jugendliche Meister Tristan, der fremd in diesem Land war, an [den Hirsch] heran. Er packte ihn und wollte ihn auf den Rücken legen. [70] Aber er konnte ihn nicht [von der Stelle] bewegen, denn er war zu schwer für ihn. Da bat der höfisch Erzogene, man möge ihm den Hirsch zurechtlegen und für den ›bast‹ vorbereiten. [75]

nû daz was schiere getân,
ze dem hirze gieng er obene stân.
da begunde er in entwaeten;
er sneit in unde entnaeten.
unde von dem mûle nider
ze den buocbeinen kêrte er wider.
diu entrante er beide nâch ir zît:
daz rehte vor, daz linke sît.
diu zwei hufbein er dô nam
und beschelte diu alsam.
dô begunde er die hût scheiden
von den sîten beiden,
dô von den heften über al,
al von obene hin ze tal,
und breite sîne hût dô nider.
ze sînen büegen kêrte er wider;
von der brust enbaste er die,
daz er die brust dô ganze lie.
die büege leite er dort hin dan.
sîne brust er dô began
ûz dem rucke scheiden
und von den sîten beiden
ietwederhalp driu rippe dâ mite –

Das war schnell geschehen, und Tristan stellte sich an das Kopfende des Hirsches. Er begann, ihn aus der Decke zu schlagen, stach hinein und schnitt auf. Vom Maul abwärts [80] kam er zu den Vorderläufen. Diese löste er in der richtigen Reihenfolge ab: erst den rechten, dann den linken. Dann faßte er die Hinterläufe und löste von ihnen [das Fell] auf die gleiche Weise. [85] Dann löste er das Fell von den beiden Seiten, wo es noch festsaß, von oben bis unten und legte das Fell auseinander. [90] Dann wendete er sich wieder den Schultern zu; er löste sie aus der Brust, ohne diese aber zu zerschneiden. Die Schultern legte er zur Seite. Dann löste er die Brust [95] vom Rücken und von den beiden Seiten, wobei er an jeder [Schulter] drei Rippen ließ – so wird der

daz ist der rehte bastsite:
diu lât er iemer dar an,
der die brust geloesen kan.
und al zehant sô kêrte er her:
vil kündeclîche enbaste er
beidiu sîniu hufbein
besunder – niht wan beide inein!
ir reht er ouch den beiden liez:
den brâten, dâ der rucke stiez
über lanken gein dem ende
wol anderhalber hende,
daz die dâ ›zimbre‹ nennent,
die den bastlist erkennent.
die rieben er dô beide schiet,
beide er si von dem rucke schriet,
dar nâch den panzen ûf den pas.
und wan daz ungebaere was
sînen schoenen handen, dô sprach er:
»wol balde zwêne knehte her:
tuot diz dort hin danne baz
und bereitet uns daz!«
sus was der hirz enbestet,
die hût billîche entlestet.

›bast‹ richtig ausgeführt: wer es versteht, die Brust [richtig] abzutrennen, [101] der läßt diese [Rippen] immer daran. [100] Sofort wendete Tristan sich dann wieder um: sehr erfahren löste er beide Hinterläufe ab – und zwar beide zusammen! [105] Auch mit den beiden Fleischstücken dort, wo der Rücken in die Lenden gut anderthalb Handbreit übergeht, [also dem Teil,] den die im ›bast‹ Erfahrenen ›Ziemer‹ nennen, [110] verfuhr er, wie es richtig ist. Die Rippen trennte er beide vom Rücken ab, danach den Magen von den Eingeweiden. Und da dies für seine schönen Hände unziemlich war, [115] rief er: »Schnell zwei Knechte her: legt dies weiter fort und macht das da!« So wurde der Hirsch ›enbestet‹ [120] und das Fell, wie es sich gehört, abgelöst. Brust, Schultern,

die brust, die büege, sîten, bein,
daz hete er allez über ein
vil schône dort hin dan geleit;
hie mite sô was der bast bereit.
Tristan, der ellende gast,
»seht«, sprach er, »meister, deist der bast,
und alse ist disiu kunst getân.
nû geruochet ir her nâher gân,
ir und iuwer massenîe,
und machet die furkîe.«
»furkîe, trût kint, waz ist daz?
dû nennest mir vor – ine weiz waz.
dû hâst uns disen jagelist,
der fremede und guot ze lobene ist,
wol meisterlîchen her getân;
nû lâz in ouch noch vür sich gân.
volfüere dîne meisterschaft –
wir sîn dir iemer dienesthaft.«

Es folgen noch mehr als 90 weitere Verse, in denen von Jagdbräuchen und ihrer Vorführung durch Tristan berichtet wird.

Seiten, Knochen hatte Tristan ordentlich übereinandergeschichtet und zur Seite gelegt; damit war der ›bast‹ fertig. – [125] Tristan, der Landfremde, sagte: »Schaut, Meister, *das* ist der ›bast‹, und so wird diese Kunst vollführt. Nun seid so freundlich, tretet mit Eurem Gefolge heran [130] und macht die ›furkîe‹[14]«. »›furkîe‹ – lieber Junge, was ist das? Du nennst mir da etwas – ich weiß nicht, was das ist. Du hast uns schon diesen einen Jagdbrauch, der fremd, aber lobenswert ist, [135] meisterhaft vorgeführt; nun laß doch auch diesen noch geschehen. Bring deine Meisterschaft zu Ende – wir werden dir ewig dienstbereit sein.«

14. Befestigen der Eingeweide des Tieres an einer ›furkîe‹, einer Astgabel.

III. Minnesang

11. Meinloh von Sevelingen:

a. Ez mac niht heizen minne (zwischen 1170 und 1180) (Auszug)

Ez mac niht heizen minne,   der lange wirbet umbe ein wîp.
die liute werdents inne   und wirt zerfüeret durh nît.
unstaetiu vriuntschaft   machet wankelen muot.
wan sol ze liebe gâhen –   deist für die merkaere guot,
daz es iemen werde inne,   ê ir wille sî ergân.
sô sol man si triegen.
da ist genuogen an gelungen, die daz selbe hânt getân.

b. Die lügener in dem lande (zwischen 1170 und 1180) (Auszug)

Die lügener in dem lande –   swer der eine wil bestân,
der sol stille swîgen   und sol die merkaere lân

11a.
Das sollte nicht ›Minne‹ heißen, lange um eine Frau zu werben. Die Leute erhalten Kenntnis davon, und dann wird es durch Böswilligkeit zerstört. Zuneigung, die sich nicht stetig äußern kann, führt zur Unbeständigkeit. Man muß nur schnell sein in der Liebe – das hilft auch gegen die Aufpasser, damit niemand etwas merkt, bevor die [Liebenden] ihre Wünsche erfüllt haben. [5] So soll man die [Aufpasser] hinters Licht führen. Damit haben schon viele Erfolg gehabt, die dasselbe gemacht haben.

11b.
Wer übler Nachrede entgehen will, der muß verschwiegen sein und die Aufpasser reden lassen, was sie wollen; wenn

reden, swaz in gevalle; sô ist er guot frouwen trût,
sô mac er vil wol triuten, swie er wil, stille und über lût.
der dâ wol helen kan, der hât der tugende aller meist.
er ist unnütze lebende, der allez sagen wil, daz er weiz.

12. Dietmar von Eist: Ahî, nu kumet uns diu zît (zwischen 1170 und 1180)
(Auszug)

Ahî, nu kumet uns diu zît der kleinen vogelîne sanc;
ez gruonet wol diu linde breit, zergangen ist der winter lanc.
nu siht man bluomen wol getân; an der heide üebent si ir schîn.
des wirt vil manic herze frô – des selben troestet sich daz mîn.

ich bin dir lange holt gewesen, frouwe biderb unde guot.
wie wol ich daz bestaetet hân! du hâst getiuret mir den muot.

---

man eine edle Dame liebt, dann kann man auf diese Weise seiner Liebe erfolgreich nachgehen wie man will, leise und laut. Wer sich auf das Verheimlichen versteht, der hat die besten Eigenschaften. [5] Wer aber alles erzählen will, was er weiß, der führt ein unnützes Leben.

12.
Hei, jetzt kommt für uns die Zeit, in der die kleinen Vöglein singen; die breitkronige Linde grünt, der lange Winter ist vorbei. Jetzt sieht man schöne Blumen; sie leuchten auf der Heide. Darüber freuen sich viele Herzen – und auch meins wird darüber froh.
Ich habe dir lange gedient, verehrte, edle Herrin. [5] Wie deutlich habe ich das gezeigt! Du hast meinen Charakter

swaz ich dîn bezzer worden sî – ze heile müeze ez mir ergân.
machestû daz ende guot, sô hâst du ez allez wol getân.

ûf der linden obene, dâ sanc ein kleinez vogelîn.
vor dem walde wart ez lût; dô huop sich aber daz herze mîn
an eine stat, dâ ez ê dâ was. ich sach die rôsebluomen stân;
die manent mich der gedanke vil, die ich hin ze einer frouwen hân.

13. Rudolf von Fenis: Daz ich den sumer alsô maezlichen klage (zwischen 1180 und 1200)

Daz ich den sumer alsô maezlichen klage –
walt unde bluomen, die sint gar betwungen –,
daz ist dâ von, daz sîn zît
mir noch her hât gevrumt harte kleine umb ein wîp.
vil lîhte gevröuwent si die liehten tage,

---

veredelt. Möge mir das Glück bringen, was du Gutes an mir bewirkt hast. Läßt du es gut ausgehen, dann hast du alles richtig gemacht.
Oben in der Linde sang ein kleines Vöglein. Vor dem Wald schon hörte man es; da wanderte mein Herz [10] wieder zu einem Platz, wo es früher schon gewesen war. Rosen sah ich stehen; die erinnern mich an die Sehnsucht, die ich nach einer Dame habe.

13.
Daß ich dem Sommer so wenig nachtrauere – Wald und Blumen sind schon ganz besiegt –, das kommt daher, daß seine Zeit mir bisher bei einer Frau noch gar nichts genützt hat. Leicht können sich die über die hellen Tage freuen, [5]

den dâ vor ist nâch ir willen gelungen.
mac mir der winter den strît
noch gescheiden hin ze ir, der ie gerte mîn lîp,
so ist daz mîn reht, daz ich in iemer êre;
wan mîner swaere wart noch nie mêre.
ôwê, wie nu lât mich verderben diu hêre!

Diu heide noch der vogel sanc
kan ân ir trôst mir niht vröude bringen,
diu mir daz herze und den lîp
hât betwungen, daz ich ir vergezzen niht mac.
swie vil si gesingent – mich dunket ze lanc
daz bîten, verzage ich an guoten gedingen.
dâ von muoz ich lân durch ein wîp
mînen sanc, wan mir nôt nie sô nâhe gelac.
swenne si wil, so bin ich leides âne.
mîn lachen stât sô bî sunnen der mâne –
doch was genuoc grôz her mîn vröude von wâne.

---

die vorher das Ziel ihrer Wünsche erreicht haben. Wenn aber der Winter noch die Entscheidung bei ihr, nach der ich immer verlangt habe, herbeiführt, dann habe ich sogar die Pflicht, diesen [Winter] zu loben; denn nie war ich trauriger. [10] Ach, wie läßt mich die Edle doch zu Grunde gehen!
Weder die Heide noch der Gesang der Vögel können mich erfreuen, wenn sie mich nicht tröstet, die mein Herz und mein ganzes Leben so gefangen hat, daß ich sie nie vergessen kann. [15] Wieviel die [Vögel] auch singen – mir kommt das Warten zu lang vor, wenn ich in meinem Hoffen verzage. Deshalb muß ich wegen einer Frau von meinem Gesang lassen, denn nie ging mir ein Kummer so nah. Aber wenn sie nur will, dann bin ich vom Leid erlöst. [20] Mein Lachen hängt [von ihr] so ab wie der Mond von der Sonne – und doch hat alleine mein Hoffen mir bisher schon große Freude bereitet.

14. Heinrich von Rugge: Nâch frouwen schoene (nach 1180) (Auszug)

Ich tuon ein scheiden, daz mir nie
von keinen dingen wart sô wê.
vil guote vriunde lâz ich hie.
nu wil ich trûren iemer mê
die wîle ich si vermîden muoz,
von der mir sanfter taete ein gruoz
an deme staeten herzen mîn,
dan ich ze Rôme keiser solte sîn.

Ich gerte ie wunneclîcher tage.
uns wil ein schoener sumer komen;
al deste senfter ist mîn klage.
der vogele hân ich vil vernomen,
der grüene walt mit loube stât.
ein wîp mich des getroestet hât,
daz ich der zît geniezen sol.
nu bin ich hôhes muotes – daz ist wol.

14.
Ich nehme Abschied, und das schmerzt mich mehr als jemals etwas anderes vorher. Viele liebe Freundschaften lasse ich hier zurück. Nun werde ich immer trauern, solange ich sie entbehren muß, [5] [sie,] von der ein freundlicher Gruß meinem treuen Herzen mehr Freude machen würde, als wenn ich römischer Kaiser wäre.
Immer hat es mich nach lustbringenden Tagen verlangt. Nun steht uns ein schöner Sommer bevor; [10] dadurch wird mein Schmerz erleichtert. Viele Vögel habe ich [schon] gehört, und der Wald trägt [wieder] grünes Laub. Eine Frau hat mich so zuversichtlich gemacht, daß ich mich dieser Jahreszeit erfreuen kann. [15] Nun hat mich ein Hochgefühl ergriffen – und das ist gut und richtig.

Ich hôrte gern ein vogelîn,
daz hüebe wunneclîchen sanc.
der winter kan niht anders sîn
wan swaere und âne mâzen lanc.
mir waere liep, wolt er zergân.
waz vröude ich ûf den sumer hân!
dar stuont nie hôher mir der muot –
daz ist ein zît, diu mir vil sanfte tuot.

15. Kaiser Heinrich: Ich grüeze mit gesang die süezen (um 1184)
(Auszug)

Ich grüeze mit gesang die süezen,
die ich vermîden niht wil noch enmac.
daz ich die reht von munde mohte grüezen –
ach leides, des ist manic tac.
swer disiu liet nu singe vor ir,
der ich gar unsenfteclîchen enbir,
ez sî wîp oder man: der habe si gegrüezet von mir.

Gern möchte ich ein Vöglein hören, das seinen herzerhebenden Gesang anstimmte. Der Winter kann nun einmal nicht anders sein als traurig und endlos lang. [20] Ich wünschte mir, er ginge zu Ende. Wie freue ich mich auf den Sommer! Nie hat mich etwas mehr in Hochstimmung versetzt – der [Sommer] ist eine Zeit, die mir wohltut.

15.
Ich grüße mit Gesang die Liebliche, die ich weder aufgeben will noch kann. Daß ich sie persönlich grüßen konnte – ach, das ist schon lange her. Wer immer diese Lieder jetzt vor ihr singen mag, [5] auf die ich leidvoll verzichten muß, es sei eine Frau oder ein Mann: es möge als Gruß von mir selbst gelten.

Mir sint diu rîche unt diu lant undertân,
swenn ich bî der minneclîchen bin.
unde swenn ab ich gescheide von dan,
sô ist mir al mîn gewalt und mîn rîchtuom dâ hin.
senden kumber, den zele ich mir danne ze habe.
sus kan ich an vröuden ûf stîgen joch abe
unde bringe den wehsel, als ich waen, durch ir liebe ze grabe.

Sît daz ich si sô herzeclîchen minne
unde si âne wenken alzît trage
beid in dem herzen unt ouch in sinne
(underwîlent mit vil maniger klage!):
waz gît mir dar umbe die liebe ze lône?
dâ biutet si mir ez sô wol und sô schône –
ê ich mich ir verzige, ich verzige mich ê der krône.

Reiche und Länder sind mir untertan, wenn ich bei der Lieblichen bin. Aber immer, wenn ich von ihr scheide, [10] dann sind meine Macht und meine Herrschaft vorbei. Nur verzehrenden Kummer kann ich dann noch als meinen ›Besitz‹ anführen. So steige ich [am Glücksrad] der Freuden auf und ab und werde diesen Wechselzustand aus Liebe zu ihr vermutlich bis zu meinem Tode durchmachen.
Da ich sie nun so herzlich liebe [15] und sie beständig treu alle Zeit in meinem Herzen und in meinen Gedanken habe (manchmal mit großem Kummer!): was gibt mir die Geliebte dafür zum Lohn? Sie macht mir so kostbare und reizende Geschenke – [20] bevor ich auf sie verzichte, würde ich eher auf die Krone verzichten.

16. *Albrecht von Johansdorf: Ich vant âne huote (nach 1190) (Auszug)*

Ich vant âne huote
die vil minneclîchen eine stân.
sâ dô sprach diu guote:
»waz welt ir sô eine her gegân?«
»vrouwe, ez ist alsô geschehen.«
»saget, war umbe sît ir her? des sult ir mir verjehen.«

»Mînen senden kumber
klage ich iu, vil liebe vrouwe mîn.«
»wê, waz saget ir tumber!
ir mugt iuwer klage wol lâzen sîn.«
»vrouwe, ich enmac ir niht enbern.«
»sô wil ich in tûsent iâren niemer iuch gewern!«

16.
Ohne Aufsicht fand ich die Liebreizende alleine stehn. Da sagte die Edle: »Warum seid Ihr so ganz allein hergekommen?« »Herrin, es ist nun einmal so geschehen.« [5] »Sprecht, warum seid Ihr gekommen? Das müßt Ihr mir sagen.«
»Meinen verzehrenden Kummer klage ich Euch, meine über alles geliebte Herrin.« »Ach, was sagt Ihr Törichter da! Ihr habt alle Ursache, Euer Klagen zu unterlassen.« [10] »Herrin, ich kann nicht auf diese [Klage] verzichten.« »Dann werde ich Euch selbst in tausend Jahren Eure Wünsche nicht erfüllen.«

17. Heinrich von Morungen: Ich bin iemer ander (nach 1190) (Auszug)

Ich bin iemer ander und niht eine
der grôzen liebe, der ich nie wart vrî.
waeren nû die huotaere algemeine
toup unde blint, swenne ich ir waere bî –
sô mohte ich mîn leit
eteswenne mit sange ir wol künden.
mohte ich mich mit rede zuo ir gevründen,
sô wurde wunders vil von mir geseit.

18. Der Stricker: Die Minnesänger (um 1240) 1–276 (Auszüge)

Hie vor, dô man die huote schalt
und des sûmlich wirt sêr entgalt,
daz er lie sîn hûsfrouwen
die geste gerne schouwen,
dô si ir triuwe übersach
und ir reht und ir ê zerbrach,

17.
Ich bin immer zu zweit, denn nie bin ich ohne die große Liebe, von der ich noch nie frei wurde. Wären doch die Wächter alle taub und blind, wenn ich bei ihr wäre – dann könnte ich mein Leid [5] endlich im Lied vor ihr offenlegen. Wenn ich sie mir durch Worte zur Freundin machen könnte, dann würde ich immer nur reden.

18.
Damals, als man über die Aufpasserei schimpfte und mancher Hausherr teuer dafür bezahlen mußte, daß er es freiwillig zuließ, daß seine Gäste die Dame des Hauses zu sehen bekamen, [damals,] als diese Damen ihre Treuepflicht vernachlässigten, [5] gegen ihre Pflichten verstießen und ihre

daz hiez hôhgemuotiu minne.
hete sûmlich wirt die sinne,
daz erz mit huote understuont,
als noch die wîsen gerne tuont,
den begunde man dô schelten
und liez in daz entgelten,
daz er was ein merkaere.
daz er toup und blint waere,
des wunschte man im lange
mit rede und mit gesange.
[...]
swelch gast daz hât für hofscheit,
ob einem wirt ein herzeleit
von sînem hofschen lîbe
geschaehe an sînem wîbe,
da wider waere ouch daz vil sleht,
taete der wirt dem gast sîn reht
und erzeiget im diu maere,
wes sîn hofscheit wert waere.
swenne er dâ za tische saeze
und gern trunk und aeze,
sô waere daz vil gefüege,
daz man für in trüege

Ehe brachen, da nannte man das ›hohe, freudenreiche Minne‹. Wenn aber ein Hausherr so klug war, das durch Aufsicht zu verhindern, wie es kluge Leute ja jetzt noch tun, [10] dann beschimpfte man ihn und ließ ihn dafür büßen, daß er ein Aufpasser war. Daß er taub und blind wäre, das wünschte man ihm immer wieder [15] in Sprüchen und Liedern. – Wenn ein Gast es für höfisches Betragen hält, daß seinem Gastgeber durch ihn, den Höfling, ein Herzeleid an seiner Frau widerfährt, [20] dann wäre es im Gegenzug auch nur richtig, wenn der Gastgeber mit dem Gast verfährt, wie er es verdient, und ihm verdeutlicht, was sein höfisches Wesen wert ist. Wenn [ein solcher Gast] zu Tisch sitzt [25] und gern trinken und essen möchte, dann wäre es angemes-

edel bluomen, loup und gras,
daz ie der hofschaere vröude was,
und einen vogel, der wol sunge,
und einen brunnen, der da sprunge
under einer schônen linden.
sô moht er wol bevinden,
wie grôze vröude ez allez gît,
dâ von er singet alle zît.
ern naeme niht ein gruz,
daz er kumbost ode gabuz
an sînem sange nante
ode solich ungefuoge erkante –
und naem ez danne in den munt,
daz waer noch bôser tûsentstunt.
man solz an bluomen kêren.
alsô solt ein wirt êren
einen hofschen gast mit spîse.
sô wirt er sô wîse,
daz er weste diu maere,
waz er wurde od wer er waere.
kaeme der gast in der vrist,

---

sen, wenn man ihm schöne Blumen, Laub und Gras vorsetzen würde – was ja schon immer die Freude der Hofleute war. [30] [Vorsetzen sollte man ihm] einen hübsch singenden Vogel und [Wasser aus] einer Quelle, die unter einer schönen Linde entspringt. Dann könnte er merken, welches Vergnügen all das bereitet, [35] wovon er dauernd singt. Würde er doch nie daran denken, Sauerkraut oder Kohl in seinen Liedern zu erwähnen oder so etwas Unpassendes überhaupt zur Kenntnis zu nehmen – [40] wieviel schlimmer muß es dann ja erst sein, [42] dergleichen in den Mund zu nehmen. [41] Also soll man sich an Blumen halten. Ein Gastgeber sollte mit dieser Speise seinen höfischen Gast ehren. [45] Dann nämlich würde der klug und endlich einsehen, wonach er da [in seinen Liedern] verlangt und wer er ist. Käme der Gast in einer [Jahres-]Zeit, in der es keine

sô der bluomen niht enist,
sô solt der wirt sprechen:
»ir welt iuwer hofscheit brechen,
daz ir nû suochet deheinen wirt,
die wîl man der bluomen enbirt.
ir sult niht wan der bluomen leben.
die mac iu niemen nû gigeben.
des sult ir nû verborgen sîn
sam diu wol singenden vogelîn
und sult komen in der zît,
diu loup und grüene gras gît.
ez ist ein grôziu unmâze,
daz ir rîtet sam die frâze
in deheinen hof, da küe stânt
und diu swîn ir kerren niht lânt.
man sol den hofschaer vinden
bî dem walde und bî der linden.
dâ solt ein hofschaer staet sîn
und hieze ein kleinez vogelîn
sîner vrouwen sagen diu maere[14a],
daz ir niemen holder waere.«

Blumen gibt, [50] dann sollte der Gastgeber sagen: »Ihr wollt wohl Eure höfische Erziehung zuschanden machen, daß Ihr jetzt einen Gastgeber aufsucht, wo es doch keine Blumen gibt! Nur von Blumen dürft Ihr leben – [55] und die kann Euch jetzt niemand vorsetzen. Deshalb solltet Ihr Euch jetzt verziehen wie die Vöglein, die so hübsch singen, und wiederkommen in der Zeit, die Laub und grünes Gras beschert. [60] Es ist sehr unbeherrscht, daß Ihr wie die Vielfraße an einen Hof geritten kommt, wo Kühe einstehen und Schweine ohne Unterlaß quieken. Leute von höfischer Lebensart sollte man [65] im Wald und unter der Linde antreffen. Dort sollte ein Hofmann sich beständig aufhalten und ein kleines Vöglein seiner Dame die Botschaft bringen lassen, daß niemand sie so liebe wie er.« [70]

IV. Literatur in der Stadt

19. Konrad von Würzburg: Der Welt Lohn (nach 1250) (Auszüge)

Ir werlte minnaere,
vernemet disiu maere[14a],
wie einem ritter gelanc,
der nâch der werlte lônc ranc
beidiu spâte unde fruo.
er dâhte in manige wîs dar zuo,
wâ mite er daz begienge,
daz er den lôn emphienge
wertlîcher êren.
er kunde wol gemêren
sîn lop an allen orten
mit werken und mit worten.
sîn leben was sô vollebrâht,

19.

Ihr, die ihr die Welt liebt, vernehmt folgende Geschichte, wie es einem Ritter ergangen ist, der sich um den Lohn der Welt von früh bis spät bemühte. [5] Er dachte hin und her, womit er es fertigbringen könne, den Lohn weltlicher Anerkennung zu erhalten. Er verstand es [10] seinen Ruhm überall durch Worte und Taten zu vergrößern. Seine Lebensführung war so vollkommen, daß man von ihm in

14a. Das mhd. Adj. (Grundbedeutung ›bekannt‹) und Subst. ›maere‹ hat ein recht breites Bedeutungsspektrum. Im Nhd. hält sich das Wort in dem fast nur noch romantisierend gebrauchten ›Mär(e)‹ und der Diminutivform ›Märchen‹. – Der Terminus ›Märendichtung‹ (in dieser Sammlung die Nrn. 20, 27, 40) benutzt das Wort nur als Sigle für eine sozusagen nachträglich rekonstruierte Gattung (Versnovellistik): wie etwa auch mhd. ›liet‹, ›rede‹, ›getiht‹ ist auch ›maere‹ keine spezielle Gattungsbezeichnung mit eindeutig festgelegtem Inhalt.

daz sîn zem besten wart gedâht
in allen tiuschen landen.
er haete sich vor schanden
alliu sîniu jâr behuot.
er was hübisch unde fruot,
schoene und aller tugende vol.
swâ mite ein man zer werlte sol
bejagen hôher werde prîs,
daz kunde wol der herre wîs
bedenken und betrahten.
man sah den vil geslahten
ûzerweltiu kleider tragen.
birsen, beizen unde jagen
kunde er wol und treip sîn vil.
schâchzabel unde seitenspil
daz was sîn kurzewîle.
waer über hundert mîle
gezeiget im ein ritterschaft,
dâ waer der herre tugenthaft
mit guotem willen hin geriten
und haete gerne dâ gestriten

---

allen deutschen Landen nur das Beste dachte. [15] Vor schämenswertem Tun hatte er sich sein ganzes Leben bewahrt. Er war von höfischer Art, fein gesittet, schön und im Besitz aller Tugenden. Womit auch immer ein Mann auf Erden [20] den Ruhm hohen Ansehens erwerben soll, das verstand dieser kluge Herr sich vorzustellen und vor Augen zu halten. Man sah den überaus Vornehmen erlesene Kleidung tragen. [25] Auf Spür-, Beiz- und Hetzjagd verstand er sich und betrieb das alles häufig. Mit Schach und Saitenspiel vertrieb er sich die Zeit. Wenn ihm innerhalb von hundert Meilen [30] eine Gelegenheit zum Turnier bekannt gemacht worden wäre, so wäre der tugendhafte Herr freudig dorthin geritten und hätte voller Begierde dort gekämpft für die

nâch lobe ûf hôher minne solt.
er was den vrouwen alsô holt
(die wol bescheiden wâren,
daz er in sînen jâren
mit lange wernder staete
in sô gedienet haete),
daz alliu saeldenhaften wîp
sînen wünneclîchen lîp
lopten unde prîsten.
als uns diu buoch bewîsten
und ich von im geschriben vant,
sô was der herre genant
her Wirent dâ von Grâvenberc.
er haete wertlîchiu werc
gewürket alliu sîniu jâr.
sîn herze stille und offenbâr
nâch der minne topte.
sus saz der hôchgelopte
in einer kemenâten,
mit vröuden wol berâten,
und haete ein buoch in sîner hant;
dar an er âventiure vant

Anerkennung durch den Lohn hoher Minne. [35] Er war den adligen Damen so zugetan (die übrigens genau wußten, daß er in seinem Leben mit anhaltender Beständigkeit ihnen so dienstbar gewesen war), [40] daß alle glückseligen Frauen sein schönes Aussehen lobten und priesen. Wie uns unsere Quelle berichtet und ich es von ihm selbst aufgeschrieben fand, [45] hieß der Herr Wirnt von Grafenberg. Er hatte sein ganzes Leben lang Taten in der Welt und für die Welt vollbracht. Innerlich und auch nach außen erkennbar [50] verlangte sein Herz mit Leidenschaft nach Minne. So saß der hochgerühmte Herr einmal in seinem Gemach, wohl versorgt mit Unterhaltung, denn er hatte ein Buch in der Hand; [55] darin fand er Liebes›âventiuren‹ beschrieben. Darüber

von der minne geschriben.
dar obe haete er dô vertriben
den tac unz ûf die vesperzît.
sîn vröude was vil harte wît
von süezer rede, die er las.
dô er alsus gesezzen was,
dô kam gegangen dort her
ein wîp nach sînes herzen ger,
ze wunsche wol geprüevet gar
und alsô minneclich gevar,
daz man nie schoener wîp gesach.
ir schoene volleclîchen brach
für alle vrouwen, die nû sint.
sô rehte minneclîchez kint
von wîbes brüsten nie geslouf.
ich spriche daz ûf mînen touf,
daz si noch verre schoener was
dan Vênus oder Pallas
und alle die gotinne,
die wîlen phlâgen minne.
ir antlütz unde ir varwe
diu wâren beidiu garwe

---

hatte er sich den Tag bis zur Vesperzeit vertrieben. Sein Entzücken über die [60] köstlichen Geschichten, die er las, war sehr groß. Als er so dasaß, da trat plötzlich eine Frau herein, die ganz nach seinen Vorstellungen beschaffen war; sie entsprach dem Ideal der Vollkommenheit [65] und sah so liebreizend aus, daß man nie eine schönere Frau gesehen hat. Ihre Schönheit übertraf ausnahmslos die aller Damen, die heute leben. Eine solch liebreizende junge Frau [70] hat nie die Milch einer [menschlichen] Mutter getrunken. Ich schwöre bei meiner Taufe, daß sie noch weitaus schöner war als Venus, Pallas [Athene] oder all die Göttinnen, [75] die sich einstmals der Minne gewidmet haben. Ihr Antlitz und ihre

durhliuhtec als ein spiegelîn.
ir schoene gap sô liehten schîn
und alsô wünneclîchen glast,
daz der selbe palast
von ir lîbe erliuhtet wart.
der wunsch enhaete niht gespart
an ir die sînen meisterschaft.
er haete sînen besten kraft
mit ganzem vlîze an sie geleit.
swaz man von schoenen wîben seit –
der übergulde was ir lîp.
ez wart nie minneclîcher wîp
beschouwet ûf der erde.
ouch was nâch vollem werde
ir lîp gekleidet schône.
diu kleider und diu krône,
diu diu selbe vrouwe kluoc
ûf und an ir lîbe truoc,
diu wâren alsô rîche,
daz si sicherlîche
nie man vergelten kunde,
ob man si veile funde.

Haut waren makellos strahlend wie ein Spiegel. Ihre Schönheit strahlte einen solchen Schein aus [80] und verbreitete einen solch wonnevollen Glanz, daß der Saal durch ihren Körper [oder: durch sie] erleuchtet wurde. Die Vollkommenheit hatte von ihrem Können nichts aufgespart, [85] sondern ihre besten Fähigkeiten mit uneingeschränktem Bemühen an sie verwendet. Was man von schönen Frauen sagt – ihr Körper [oder: sie] übertraf sie [alle]. Nie hat man eine liebreizendere Frau [90] auf dieser Welt gesehen. Auch war sie entsprechend gekleidet. Die Kleider und die Krone, welche diese schöne Dame [95] auf [dem Kopf] und an ihrem Körper trug, waren so kostbar, daß sie sicher kein Mensch hätte bezahlen können, selbst wenn sie überhaupt zu kaufen gewesen wären. [100]

Von Grâvenberg her Wirent
erschrac von ir wol zwirent,
dô si kam geslichen.
sîn varwe was erblichen
vil harte von ir künfte dâ.
in nam des michel wunder sâ,
waz vrouwen alsô kaeme.
ûf spranc der vil genaeme
erschrocken unde missevar
und enphie die minneclîchen gar
vil schône, als er wol kunde.
er sprach ûz süezem munde:
»sint, vrouwe, gote willekomen!
swaz ich von vrouwen hân vernomen,
der übergulde sint ir gar.«
diu vrouwe sprach mit zühten dar:
»vil lieber vriunt, got lône dir!
erschric sô sêre niht von mir.
ich binz – diu selbe vrouwe doch,
der dû mit willen dienest noch
und aldâher gedienet hâst.
swie dû vor mir erschrocken stâst,

Herr Wirnt von Grafenberg erschrak deshalb sehr vor ihr, als sie heranschwebte. Ganz blaß wurde er, als sie dort erschien. [105] Er war sehr wißbegierig, welche Frau da in dieser Art auftrat. Der Edle sprang erschrocken und bleich auf, empfing [aber] die Liebreizende [110] sehr zuvorkommend, wie er es ja verstand. Er sagte freundlich: »Seid willkommen, edle Dame! Was ich auch bisher über Damen gehört habe – Ihr übertrefft sie in jeder Beziehung.« [115] Die Dame erwiderte höflich: »Liebster Freund, Gott gebe dir Lohn! Erschrick nicht so heftig vor mir. Ich bin es doch – eben die Herrin, der du bereitwillig dienst [120] und immer gedient hast. Auch wenn du jetzt erschrocken vor mir

sô bin ich doch daz selbe wîp,
durch die dû sêle unde lîp
vil dicke hâst gewâget.
dîn herze niht betrâget,
ez trâge durch mich hôhen muot.
dû bist hübisch unde fruot
gewesen alliu dîniu jâr.
dîn werder lîp süez unde klâr
hât nâch mir gerungen,
gesprochen und gesungen
von mir, swaz er guotes kan.
dû waere et ie mîn dienestman
den âbent und den morgen.
dû kundest wol besorgen
hôhez lop und werden prîs.
du blüejest als ein meienrîs
in manicvalter tugende.
dû hâst von kindes jugende
getragen ie der êren kranz.
dîn sin ist lûter unde ganz
an triuwen ie gein mir gewesen.

---

stehst, so bin ich doch eben die Frau, für die du Seele und Leben so oft eingesetzt hast. [125] Wenn etwas dein Herz bekümmert, dann sei es durch mich und um meinetwillen [wieder] hochgestimmt. Du bist nach höfischer Art gesittet gewesen dein ganzes Leben lang. Angesehen, wohlerzogen und schön, wie du bist, [130] hast du dich um mich bemüht, [hast] Sprüche und Lieder gedichtet über mich nach bestem Können. Du bist immer mein Diener gewesen, früh und spät. [135] Du hast es vermocht, hohes Lob und verdiente Anerkennung zu sammeln. Wie Blüten einen Zweig im Mai [so schmücken dich deine] vielfältigen Tugenden. Vom Kindesalter an [140] hast du immer die höchste Auszeichnung der Ehre getragen. Ohne Fehl und vollkommen treu bist du mir immer gewesen. Würdiger, auserwählter Ritter: ich bin

vil werder ritter ûzerlesen:
dar umbe bin ich komen her,
daz dû nâch dînes herzen ger
mînen lîp von hôher kür
beschouwest wider unde vür,
wie schoene ich sî, wie vollekommen.
den hôhen lôn, den rîchen fromen,
den dû von mir enphâhen maht
umb dînen dienest wol geslaht,
den solt dû schouwen unde spehen.
ich wil dich gerne lâzen sehen,
waz lônes dir geziehen sol –
du hâst gedienet mir sô wol.
[...]
ich bin sô hôhes muotes,
daz keiser unde küneges kint
under mîner krône sint.
grâven, vrîen, herzogen
habent mir ir knie gebogen
und leistent alle mîn gebot.
ich fürhte niemen âne got –
der ist gewaltic über mich.

---

deshalb hierher gekommen, [145] damit du, wie dein Herz es verlangt, meinen auserlesenen Körper genau betrachten kannst, [damit du sehen kannst,] wie schön und vollkommen ich bin. Den hohen Lohn, den reichen Nutzen, [150] den du von mir empfangen kannst für deinen edlen Dienst, sollst du genau sehen. Es ist mir eine Freude, dich schauen zu lassen, welcher Lohn dir zukommt – [155] hast du mir doch so treu gedient. Ich bin so vornehm und mächtig, daß Kaiser und Königssöhne unter meiner Herrschaft leben. Grafen, Freiherren und Herzöge [160] haben das Knie vor mir gebeugt und folgen meinen Befehlen. Ich fürchte niemand außer Gott – der allerdings herrscht auch über mich.

diu Werlt sô bin geheizen ich,
der dû nû lange hâst gegert.
lônes solt dû sîn gewert
von mir, als ich dir zeige nû.«
[...]
sus kêrte si im den rucke dar –
der was in allen enden gar
bestecket und behangen
mit unken und mit slangen,
mit kroten und mit nâtern.
ir lîp was voller blâtern
und ungefüeger eizen.
fliegen unde âmeizen
ein wunder drinne sâzen.
ir fleisch die maden âzen
unz ûf das gebeine.
[...]
hie mit schiet si von dannen.
daz si von mir verbannen
und aller cristenheite sî!
der edel ritter unde vrî,
dô er diz wunder ane sach,
zehant sîn herze im des verjach,
er waere gar verwâzen,

Ich heiße ›die Welt‹; [165] [ich bin es,] um die du so lange geworben hast. Du sollst deinen Lohn erhalten von mir, wie ich es dir jetzt zeige.« Und damit kehrte sie ihm den Rücken zu – der aber war überall [170] besetzt und behängt mit Basilisken, Schlangen, Kröten und Nattern. [Hinten] war ihr Körper voller Blattern und riesiger Geschwüre. [175] Fliegen und Ameisen in riesiger Zahl saßen darin. Ihr Fleisch fraßen Maden bis auf die Knochen ab. Damit entfernte sie sich. [180] Möge sie verflucht sein von mir und der ganzen Christenheit! Dem edlen, vornehmen Ritter, als er dieses Wunder ansah, sagte sein Herz sofort, [185] daß verflucht

swer sich wolte lâzen
an ir dienste vinden.
von wîbe und von kinden
schiet er sich aldâ zehant.
er nam daz kriuze an sîn gewant
und huop sich über daz wilde mer
und half dem edelen gotes her
strîten an die heidenschaft.

20. Heinrich Kaufringer: Der kleine Schaden (um 1400) 1–296 (Auszüge)

Ain schädlin wärlich pesser ist
dann ain schad ze aller frist.
[...]
ain aubentür beschehen ist
vor zeiten, als man davon list;
die triffet dise red an zwar
etwie vil und doch nit gar.

---

sein müsse, wer sich in ihrem Dienst antreffen lassen wolle. Ohne Zögern verließ er [190] Frau und Kinder. [189] Er heftete das Kreuz an seine Kleidung, machte sich auf die Fahrt übers wilde Meer und half dem edlen Heer Gottes[15] gegen die Heiden zu kämpfen.

20.
Ein kleiner Schaden ist wirklich immer noch besser als ein [großer] Schaden. Es hat sich einmal vor Zeiten eine Geschichte ereignet, die schriftlich überliefert ist und auf die diese Behauptung irgendwie zutrifft – [5] aber doch nicht

15. den Kreuzfahrern.

die wil ich ew ze diser stunt
sagen und auch machen kunt.
ze Straßpurg sas ein reicher man,
der het ein frawen wolgetan.
[...]
an frümkeit was si wol bewart.
dar zuo hatt die frawe zart
zucht und großer tugent vil.
für war ich das sprechen wil:
niemant von ir hören mocht,
da mit ir êre wurd geswacht.
[...]
ain stolzer ritter hôrt die mär;
der was ein rechter lantfarer:
er pruchet sinen werden leip
oft und vil durch schöne weip,
den er dienett fruo und spat.
er kom geriten in die stat
und was da wol ein halbes jar.
wan er der frawen wart gewar,
do gieng er ir pald ze plick,
zuo ir redtt er auch oun schrick

ganz. Die will ich euch jetzt erzählen und bekannt machen. In Straßburg lebte ein reicher Mann, der eine schöne Frau hatte. [10] Die war von tugendhafter Zurückhaltung. Außerdem besaß die Schöne eine gute Erziehung und viele [weitere] gute Eigenschaften. Ich versichere euch: niemand konnte etwas über sie hören, [15] das ihre Ehre geschmälert hätte. Von ihr hörte auch ein stolzer Ritter; dieser zog dauernd durch die Lande und setzte sein edles Leben oft und bei vielen Gelegenheiten für schöne Frauen aufs Spiel, [20] denen er früh und spät diente. Er kam in die Stadt geritten und blieb dort sicher ein halbes Jahr. Wenn er der Frau ansichtig wurde, trat er immer sofort so heran, daß sie ihn sehen mußte, [25] redete sie auch ohne Scheu an und richtete

und dar zuo in rechtem schimpf –
als er wol kund mit gelimpf –
manig wort in schalkhait.
das was der rainen frawen lait.
[...]
si vorcht, ir êre wurd geswacht ·
von der bösen lüte red.
den man si das ze wissen tet
und clagt im großen überlast,
den si hette von dem gast.
er sprach: »liebe frawe mein,
ich will dir wenden dise pein:
wann er mit dir redet mêr,
so haiß in pald komen her
zuo dir in dein kamer guot;
so wil ich in stiller huot
mich enthalten auch dar in.
ich sol im lonen seiner min,
das er fürbas ewiclich
mit guotem frid muoß lassen dich.«
dar nach an dem tritten tag,
als der ritter täglich pflag

---

in der höflich-lustigen Art, die er gut beherrschte, manches scherzhafte Wort an sie. Aber der Frau in ihrem Anstand war das nur leid. [30] Sie fürchtete, ihr guter Ruf würde durch die Nachrede übelwollender Leute leiden. Sie berichtete ihrem Mann von der Sache und beklagte sich bei ihm über die Belästigung, die sie durch den Fremden erfuhr. [35] Ihr Mann antwortete: »Meine liebe Frau, ich will diesen Kummer von dir nehmen; wenn er dich noch einmal anspricht, dann sag ihm, er solle in Kürze zu dir auf dein Zimmer kommen; [40] dort werde ich mich dann verborgen halten. Ich werde ihm seine Minne schon so heimzahlen, daß er dich in Zukunft für alle Zeit in Ruhe lassen wird.« [45] Drei Tage danach, als der Ritter, wie er es täglich tat, die

ze kirchen zuo der messe gan,
da kom die fraw wolgetan
im engegen oun argen list.
er gruost si zuo der selben frist
gar lieplich und vil schône.
er sprach: »das ew got lône,
liebe fraw, nun tuot mir kunt
ietze hie zuo diser stunt,
wan ich zuo ew komen sol.«
[...]
des antwurt im die frawe rain:
»ir sült zuo mir komen hain
nach essene in das hause mein.
dar in will ich allaine sein:
ich will es schicken hint dar zuo,
das uns niemant tuot unruo.«
der herre ward der red vil frô.
von ir gieng er zehand dô.
[...]
da nu kom die rechten zeit,
er gieng hin oun alle peit
zuo dem haus und clopfet an.
da kam die fraw wolgetan
in tugentlicher weise.

Messe besuchte, begegnete ihm die Frau ohne ihre Absicht. [50] Er begrüßte sie sofort sehr freundlich und höflich und sagte: »Gott lohn's Euch, liebe Frau – sagt mir doch schnell, [55] wann ich zu Euch kommen darf.« Die Frau antwortete ihm darauf: »Kommt nach dem Essen zu mir in mein Haus. Ich werde dann dort allein sein [60] und es auch heute nacht so einrichten, daß niemand uns stört.« Über diese Worte freute sich der Herr sehr. Dann ging er schnell weiter. Als nun die rechte Zeit gekommen war, [65] ging er ohne Aufschub zu dem Haus und klopfte an. Die schöne Frau kam

sie lies in ein vil leise,
in die kamer fuort si in
zuo ainer schönen sideln hin.
darauf sassen si zesamen.
der wirt hatt sich da mit namen –
als die fraw wol weste das –
haimlich hinder ain großes vas
gesetzet in der kamer sein.
er hett ain panzer stark und vein
angelegt und was bereit,
dem ritter fügen großes lait.
nun was der ritter kommen dar
in ainem underrocke zwar;
der was guot von rotem gold.
er gieng geleich, sam er wolt
zuo frawen an den tanze gaun.
kainen harnasch hett er an.
ainen tegen guot und vein
hett er an der seitten sein.
zuo im sprach die fraw gemait:
»es ist ain große torhait
an ewch, lieber herre mein,

---

sittsam [an die Tür]; leise ließ sie ihn ein [70] und führte ihn in die Kammer zu einer schönen Polsterbank. Darauf setzten sie sich nebeneinander. Der Hausherr hatte sich – wie die Frau genau wußte – [75] heimlich hinter einem großen Faß in seiner Kammer versteckt. Er hatte einen starken, festen Panzer angelegt und war bereit, den Ritter übel zuzurichten. [80] Nun war der Ritter aber nur in einem kostbar mit rotem Gold [durchwirkten] Rock gekommen, [wie man ihn] unter [dem Mantel trägt]. Er war in einem Aufzug, als ob er zu Damen auf einen Tanz gehen wollte, [85] trug auch keinen Harnisch und hatte nur einen guten, starken Dolch an seiner Seite. Die Frau sagte in fröhlichem Ton zu ihm: »Das ist aber töricht [90] von Euch, mein lieber Herr, daß Ihr so ohne

das ir also gaund herein
one harnasch und oun swert.«
[...]
die fraw die red darumb sait
in lutem pracht mit gefär,
das ir man dest käcker wär.
da sprach der ritter wolgetan:
»fraw, ich pin ain sollich man,
das ich niemant fürchte zwar.
auch sag ich ew das für war,
das ich pin als stark dabei
und auch muotes also frei,
das mir niemant ist gelaich
mit aller phendikait sicherlaich.
ich haun hie ain messer guot,
dar vor kain harnasch ist behuot.«
ain platten in der kamer hieng.
der ritter die vil pald empfieng
in sein hand; er legt si dar
für die frawen offenbar.
die was stark und hett sechs fach;
zuo der frawen er da sprach:

Harnisch und Schwert gekommen seid.« Die Frau sagte dies absichtlich mit lauter Stimme, [95] damit ihr Mann entsprechend mehr Mut bekäme. Aber der hübsche Ritter antwortete: »Frau, ich bin ein Mann von der Sorte, der wirklich niemand fürchtet. Außerdem versichere ich Euch, [100] daß ich dazu noch stark und so mutig bin, daß mir niemand gleichkommt, wie behende er auch sein mag. Ich habe hier einen guten Dolch, [105] vor dem kein Harnisch standhält.« In der Kammer hing ein Plattenpanzer; den nahm der Ritter und legte ihn so vor die Frau, daß sie ihn genau sehen konnte. [110] Der Panzer war sehr fest und hatte sechs Schichten. Der Ritter sagte zu der Frau: »Nun seht meine Kraft!« Er zog

»fraw, nun secht die sterke mein!«
auß zuckt er den tegen sein –
in ainem stich er gar durch stach
die guoten platten sechsfach.
er sprach: »mein tegen ist vil guot.«
der man lag dört in stiller huot,
er erschrak der rede sêr.
er gedorst da nimer mêr
hinder dem vaß her für komen,
als er im hett für genomen.
[...]
der ritter wider nider sas.
zuo der frawen ruckt er bas,
lieplichen er si umbefie.
si sprach lût: »was maint ir hie?
ich gestatt ew kainer minn.
mein man ist in dem hause hinn –
wirt er gewar diser geschicht,
er lat es ungerochen nicht.«
was sol ich nun sagen mêr?
der ritter nam die frawen her,
er truog si auf das pete hin

---

den Dolch – und mit einem Stich durchbohrte er [115] den festen, sechsfachen Plattenpanzer. »Gut ist mein Dolch!« sagte er. Der [Ehe-]Mann, der in seinem heimlichen Versteck lag, erschrak darüber heftig; er traute sich jetzt nicht mehr, [120] hinter dem Faß hervorzukommen, wie er sich das vorgenommen hatte. Der Ritter setzte sich wieder hin; er rückte näher an die Frau heran und umarmte sie zärtlich. [125] Laut rief sie: »Was soll das bedeuten? Ich gestatte Euch nicht, mich zu lieben. Mein Mann ist zu Hause – wenn er merkt, was hier geschieht, wird er das nicht ungestraft lassen.« [130] [Aber] was soll ich weiter erzählen? Der Ritter packte die Frau und trug sie gegen ihren Willen und gegen

wider ir gunst und iren sin.
si schrai vil sêr und auch vast.
[...]
der ir ze hilff solt sein berait,
der lies si staun in herzenlait.
[...]
der ritter wolt si ze der frist
mit süßer red getröstet haun.
das was ir zuo dem tod getaun.
si mocht gen im nit fraintlich tuon
und gab im weder frid noch suon.
si redtt mit im gar scharpflich,
das er von dannen machet sich
gar mit trurigem muot zwar.
[...]
da die fraw des wart gewar,
das der edel ritter gar
auß dem haus gegangen was,
si gieng vil pald zuo dem vas.
si vant den künen weigant,
der hatt sein swert in der hant,
das panzer an dem halse sein.
si sprach zuo im mit jamers pein:

---

ihre Absicht aufs Bett. Sie schrie heftig und laut. [135] [Aber] der, welcher bereit sein sollte, ihr zu helfen, ließ sie in ihrem Leid allein. Der Ritter wollte sie jetzt mit süßen Worten trösten – aber das war ihr auf den Tod verhaßt. [140] Sie wollte sich ihm gegenüber nicht freundlich verhalten, schloß keinen Frieden mit ihm und wollte sich mit ihm nicht versöhnen. Sie bedachte ihn mit so scharfen Worten, daß er sich fortmachte in ganz trauriger Stimmung. – [145] Als die Frau sicher war, daß der edle Ritter das Haus ganz verlassen hatte, eilte sie zu dem Faß. Sie fand dort den kühnen Helden – [150] das Schwert in der Hand, den Panzer umgegurtet. In ihrem Leid und Schmerz fuhr sie ihn an: »Was liegst du hier

»wie leist du hie, du böser hunt?
Wie hast du zuo diser stunt
mich gelassen in grosser not!
mir wär wäger vil der tot,
wan ich êrlos worden pin.
wau hast du nur gedacht hin,
das du nit woltest helffen mir?«
er sprach gütlich da zuo ir:
»schweig still, liebe frawe mein,
und lauß die sach auch guot sein,
die geschehen ist an dir.
du solt das gelauben mir:
ich wil ze arg nimer mêr
gedenken deiner wird und êr –
und sag auch nicht von mir das,
das ich gewesen pin so las,
das ich also verhalten haun.
das han ich darumb getaun:
ain schädlin ist doch pesser zwar
dann ain schad, das wiß für war!
wann hett ich im icht laid getan,
er hett mich auch des nit erlan
mit seiner sterke, die er hatt;

---

herum, du schlimmer Hund? Wie hast du mich in dieser Situation [155] allein gelassen in meiner großen Not! Der Tod wäre mir lieber, als so ehrlos geworden zu sein. Was hast du dir denn gedacht, daß du mir nicht helfen wolltest?« [160] Besänftigend antwortete er ihr: »Schweig still, meine liebe Frau, und laß gut sein, was dir geschehen ist. Glaub mir: [165] ich will nie etwas Schlimmes über deinen guten Ruf und deine Ehre sagen – erzähl aber auch nicht von mir, daß ich so saumselig gewesen bin, mich zurückzuhalten. [170] Das habe ich nur aus folgendem Grund getan: Ein kleiner Schaden ist doch wirklich besser als ein [großer] Schaden – glaub das doch! Denn wenn ich ihm etwas getan hätte, hätte er mich mit seiner Stärke sicher nicht verschont [175]

er hett mich durchstochen watt
in meinem panzer vil guot.
[...]
so wär ich ze diser frist
des todes aigen gewesen gar –
das wär ain großer schade zwar!
sunst hast du gelitten pein,
das haist und ist ain schädlein,
des macht du genesen wol.«
Für war ich nu sprechen sol:
er hatt war, und doch nit gar.
wann wär er palde komen dar,
ê der frawen laid geschach
und hett kainen ungemach
dem ritter gefüeget do,
so wär es nicht ergan also
und wär auch da kain schädelein
an der lieben frawen sein
noch kain schad an im vollbracht.
da er aber das gedacht,
das er also verhalten wolt,
darumb im pillich wirt ze solt,
das er müs schand und laster han.

---

und mich trotz der Güte meines Panzers durchbohrt. Dann wäre ich auf der Stelle dem Tod verfallen – [180] und *das* wäre wirklich ein *großer* Schaden gewesen! Du aber hast so nur einen Schmerz dulden müssen, der rechtens nur als kleiner Schaden bezeichnet werden kann und von dem du dich schon erholen wirst.« – Meine ehrliche Meinung dazu: [185] er hatte damit recht – aber doch nicht ganz. Wenn er nämlich schnell hinzugekommen wäre, noch *bevor* der Frau Leid geschehen war, und dem Ritter nichts getan hätte, [190] dann wäre es nicht so gegangen, und weder hätte seine liebe Frau einen kleinen noch er einen großen Schaden davongetragen. Weil er aber meinte, [195] sich in dieser Weise zurückhalten zu sollen, dafür muß er billigerweise als Lohn

er ist ain böser wartman,
der es also sicht und hört,
das man sein guot fraind betört,
und den nit hilft aus der not.
ich wünsch im bis an seinen tot
alls ungelück ze leipgeding.
got geb, das im nicht geling,
was er immer greiffet an –
nit bösers ich im wünschen kan.

21. Vom Babst, Cardinal und von Bischoffen (Nürnberger Fastnachtspiel des 15. Jh.s)

Der herolt spricht:
Nu hört und schweigt still
und merkt, was ich euch sagen will,
und wie da pei ainander ist
der pabst, der kaiser on argen list,
darzue der künig und der cardinal,

Schmach und Schande haben. Ein schlechter Wächter ist, wer sieht und hört, [200] daß seine guten Freunde bedrängt werden, und ihnen nicht aus der Not hilft. Bis an seinen Tod wünsche ich ihm alles Unglück an den Hals.[16] – Gott gebe, daß ihm nichts gelingt, [205] was er anpackt – Schlimmeres kann ich ihm nicht wünschen.

21.
Der Herold[17]*:* Hört zu, seid still und paßt auf, was ich euch jetzt erzähle: Es haben sich versammelt der Papst und der Kaiser in bestem Einvernehmen, dazu der König, ein Kardi-

16. ›ze leipgeding‹; eigentlich ›zur Leibrente‹.
17. im Fastnachtspiel gleichzeitig der Ansager des Spiels.

fürsten, bischoffen und grafen auf dem sal,
dar zue ritter und auch knecht.
ich main, die innhalten das recht,
die wollen hie all sach schlecht machen.
geschicht das, so müg wir alle wol lachen.

Der erst ritter:
Herr babst, nu merkt, was ich euch sag,
vernembt, was sei der armen klag,
wie sie teglich verderbt werden
durch krieg und unfrid hie auf erden.
da helfen eur gaistlich fürsten zue
und verderben ir scheflein spat und frue.
das solten sie den andern fürsten wern –
so helfen sie ir scheflein selber verhern.
das lat euch hie zue herzen gan
und solt das mit kraft unterstan.
und richtet recht in kurzer zeit –
seit doch der gewalt an euch leit.

---

nal, [5] Fürsten, Bischöfe, Grafen, Ritter und Kriegsleute. Ich glaube, sie wollen hier, da sie ja die Rechtsprechung innehaben, alle Angelegenheiten in Ordnung bringen. Wenn das geschieht, dann haben wir alle Grund, fröhlich zu sein. [10] *Der erste Ritter:* Herr Papst, hört, was ich Euch sage, und vernehmt, welche Klagen die Armen vorbringen. Jeden Tag werden sie in dieser Welt durch Krieg und Unfrieden zugrunde gerichtet. Dabei machen auch Eure geistlichen Fürsten [18] mit, [15] indem sie nämlich ihre Schäflein alle Zeit schädigen. Gerade daran sollten sie eigentlich die anderen Fürsten hindern – statt dessen aber helfen sie dabei mit, ihren Schäflein das Fell über die Ohren zu ziehen. Laßt Euch das zu Herzen gehen und setzt Eure Macht ein, es zu verhindern. [20] Stellt unverzüglich das Recht wieder her –

18. in Deutschland: Erzbischöfe, Bischöfe, Reichsäbte.

Der babst:
Herr bischoff, nu gebt antwort;
wan ir die clag habt wol gehort,
das ir eur schaf so oft thut schern.
auß welcher schrift wolt irs bewern?
und tut sie dar zue rauben und prennen.
ich kan es in keinem capitel erkennen.
das ir eur hert behüett vor not,
die euch mein gewalt entpfolchen hot.
eur infel vor stahel glitzen,
eur stab hat ain eisene spitzen.
wo habt ir das in der geschrift gelesen?
ir mügt nit lenger bischof wesen,
wan ich dem kaiser enpfolchen han
und dar zue mainem cappelan,
das sie schüllen solch bischof absetzen,
die hie ir arme schaf also letzen.

Der bischof antwurt:
Herr babst, ir sult vernemen mich:

---

denn Ihr habt ja die Macht dazu. *Der Papst:* Herr Bischof, steht Rede und Antwort; denn Ihr habt ja die Beschwerde deutlich gehört, daß Ihr Eure Schäflein so oft schert. [25] Aus welcher Schriftstelle [der Bibel] wollt Ihr das ableiten? Außerdem beraubt Ihr sie und brandschatzt. [Anweisungen dazu] finde ich in keinem Kapitel. Ihr solltet Eure Herde, die ich Euch, wie es meines Amtes ist, anvertraut habe, vor Not beschützen. [30] [Aber] Eure Bischofsmütze funkelt wie Stahl, und Euer Bischofsstab hat eine eiserne Spitze. Wo habt Ihr das in der Bibel gelesen? Ihr könnt nicht länger Bischof bleiben, denn ich habe dem Kaiser und meinem Kaplan nahegelegt, [35] solche Bischöfe, die ihre armen Schäflein schädigen, abzusetzen. *Der Bischof antwortet:* Herr Papst, hört mich an: ich bin gar nicht so schlimm,

mein sach ist nit al frevelich,
als man euch oft von mir tut schreiben.
wil ich nun hie pei eren pleiben,
so muß ich mit den fürsten sein,
die mir haben geholfen ein.
den muß ich helfen, wenn sie mein begern,
des ich vil lieber wolt enpern.
eur gnad das pillich mag verstan,
das ichs muß mit den fürsten han.

Der cardinal:
Hört, herr künig, es get euch an:
ir schült ein solches unterstan,
und ir scholt solchen fürsten schreiben,
das sie müsten pei dem rechten pleiben
und scholten niemant kriegen wider recht.
fürsten, grafen, ritter oder knecht –
das solt ein künig bestellen wol.
ein kaiser rechtes helfen schol.
und solten solch unrecht unterstan,
das hie den armen wirt getan.

---

[40] wie man Euch von mir so oft schreibt. Wenn ich meine Position halten will, dann muß ich die Fürsten unterstützen, die mir zu ihr verholfen haben. Ich muß ihnen helfen, wenn sie nach mir verlangen – [45] worauf ich lieber verzichten würde. Nehmt also huldvollst zur Kenntnis, daß ich's mit den Fürsten halten muß. *Der Kardinal:* Hört, Herr König, das betrifft Euch: Ihr müßt das verhindern [50] und solchen Fürsten schreiben, sich an das Recht zu halten und gegen niemand ohne rechtmäßigen Grund Krieg zu führen. Ein König muß Fürsten, Grafen, Ritter und Kriegsleute unter Kuratel halten. [55] Der Kaiser ist verpflichtet, bei der Wahrung des Rechtes [dem König] zu helfen. Und [beide] sollten solches Unrecht verhindern, wie es hier den Armen

Der künig:
Herr kaiser, hört hie, was man sagt,
wie man über die fürsten clagt,
das sie verheren alle lant
mit raub und mort und brant.
wann sie doch leiden große not:
man klempts, man stöckts und stichts zu tot.
herr der kaiser, das lat euch erparmen –
lat uns zu hilf kumen den armen!

Der graf:
Herr kaiser, vernempt auch mich:
ich clag euch also clegelich,
das diser fürst, der hie stat,
mich von meinem lant vertriben hat
wider recht – das sol eur gnad verstan.
kein sach er nie zue mir gewan.
ich hab im recht und ere nie versagt –
das sei hie euren gnaden geclagt.
ich bin ein graf: ich wolt mich schemen,
wenn ich nit recht wolt geben und nemen.

---

zugefügt wird. *Der König:* Herr Kaiser, hört, was hier gesagt wird, wie man die Fürsten anklagt, [60] alle Länder zu verheeren mit Raub, Mord und Brand. Denn [die Armen] leiden große Not: man quält sie, schließt sie in den Stock und sticht sie tot. Herr Kaiser, erbarmt Euch dessen – [65] laßt uns den Armen zur Hilfe kommen. *Der Graf:* Herr Kaiser, hört auch mich an: Ich trage bittere Klage vor Euch darüber, daß dieser Fürst, der hier steht, mich aus meinem Land vertrieben hat [70] gegen alles Recht – nehmt das zur Kenntnis, Euer Gnaden! Er hat überhaupt keinen Vorwand mir gegenüber: nie habe ich ihm meinen Respekt versagt oder was ihm [sonst] zustand; das klage ich Euer Gnaden hier. Ich bin ein Graf – ich müßte mich schämen, [75] wenn ich nicht meine Rechte und Pflichten wahrnehmen

Der kaiser:
Herzog, verantwurt dich hie drat,
wann große clag hie auf dich gat.
du hast verweist geistlich orden,
vil bischof sein rauber worden;
das pringst du mit süßen worten zu
und machst den armen groß unru.
hestu recht, du hest uns wol geschriben
und werst deiner sach bei uns pliben.
so möchst du wol mit recht pestan,
hestu dein sach an uns gelan.

Der herzog:
Nu hört, ir edler kaiser her:
ich het euch wol zu klagen mer,
das ich durch kürz doch muß lan.
wir haben ritter und manchen man,
den oft nit rechtes mag ergan:
denselben müß wir pei gestan.
auch müg wir euch nit alwegen schreiben,

---

wollte. *Der Kaiser:* Herzog, verantworte dich unverzüglich, denn man hat hier eine schwerwiegende Klage gegen dich vorgebracht. Du hast den geistlichen Stand seiner ›Väter‹ beraubt; viele Bischöfe sind zu Räubern geworden. [80] Das alles hast du mit süßer Überredung fertiggebracht und [dadurch] die Armen in große Sorgen gebracht. Wenn du im Recht wärst, hättest du uns ja schreiben und deine Angelegenheit[19] uns übergeben können. Du hättest schon dein Recht bekommen, [85] wenn du deine Sache uns anvertraut hättest. *Der Herzog:* Hört, edler Kaiser: Ich hätte Euch noch mehr zu klagen, aber aus Gründen der Kürze muß ich es unterlassen. Wir haben Ritter und viele Lehnsleute, [90] die oft nicht ihr Recht erhalten: denen müssen wir dann beistehen. Wir können Euch ja auch nicht immer

19. den Streit mit dem Grafen.

wenn man gewalt wil mit uns treiben.
des müß wir uns doch hie aufhalten.
her kaiser, nun laßt sein got walten.
die paurn und die stet wurden zu reich,
ließ wir sie sitzen fridleich.

Der dem kaiser das schwert vortregt:
Herr kaiser, ich muß die warheit jehen:
ich hab der lant nit vil gesehen,
den groß glück möcht wonen mit,
wann sie doch stunden in unfrid.
darümb ein herr zu loben ist,
der frid den seinen macht zu aller frist.
die seinen müßen im steurn und geben,
und teglich pitt man ümb sein leben.
bei gutem frid so wirt man reich –
das solt ir mir glauben sicherleich.

Der ritter:
Nu hört, ich muß auch raten als ein tor,
doch ist sein ain tail wor:

---

schreiben, wenn man versucht, uns unter Druck zu setzen. Deshalb müssen wir ja jetzt auch hier [vor Gericht] sein. [95] Herr Kaiser, laßt es nach Gottes Willen geschehen. Die Bauern und die Städte würden zu mächtig werden, wenn wir sie in Frieden ließen. *Der Schwertträger des Kaisers:* Herr Kaiser, wenn ich die Wahrheit sagen will, dann habe ich nicht viele Länder gesehen, [100] in denen glückliche Zustände herrschen, denn [überall] herrscht Unfriede. Deshalb muß man einen Herrscher loben, der seinen [Untertanen] allezeit den Frieden sichert. Dafür zahlen sie ihm dann [ja auch] Steuern und Abgaben, [105] und jeden Tag wird für sein Leben gebetet. Wo Frieden herrscht, da kommt man zu Reichtum – das könnt Ihr mir glauben. *Der Ritter:* Jetzt hört auch meinen Rat – er mag töricht klingen, aber er ist

solt es allweg frid beleiben,
die paurn würden den adel vertreiben.
sie würden hinten nach so gail,
sie machten uns pürg und stet fail.
der paur wil als der purger gan,
der purger als der edelman.
darümb mag uns der krieg gefrumen,
das sie nit über uns kumen.
si müßen mit uns tailen, zwar,
gleich heur als vor hundert jar.

Der narr:
Ich bin ain narr, das secht ir wol;
doch ich auch nit gar sweigen sol.
der adel wil vil ern erjagen
an stechen und turnien, hör ich sagen,
darzue schön frauen und spil.
dasselb kostet sie gelts vil.
darümb versetzen sie pürg und lant.

---

sicher nicht ganz verkehrt: [110] Wenn immer nur Frieden herrschte, dann würden die Bauern den Adel verjagen. Sie würden schließlich so übermütig, uns Burgen und Länder abzukaufen. Der Bauer will als Bürger leben, [115] der Bürger als Adliger. Deshalb ist Krieg für uns nur nützlich, damit sie nicht die Oberhand über uns bekommen. Wahrlich! – sie müssen uns heute genau so wie vor hundert Jahren unseren Anteil [an ihren Einkünften] geben. [120] *Der Narr:* Ich bin ein Narr, das könnt Ihr ja sehen[20]; aber auch ich will nicht ganz schweigen. Der Adel will, wie ich berichten höre, sich bei allen Arten von Turnieren Ruhm erwerben. Außerdem widmet er sich schönen Damen und dem [Glücks?-]Spiel. [125] Das alles kostet ihn viel Geld. Deshalb versetzen die [Adligen] ihre Burgen und Lände-

20. am Kostüm!

das ist dem adel ain große schant.
das wollen sie denn ümbsüst wider han –
so hebt sich denn ain kriegen an.
davon rat ich auß meinem geschicht:
kauft in nicht ab und leiht in nicht –
das ist der narrenrat mein –
wolt ir fürpas mit frid sein.

Der ritter:
Des narren wort thut mich verdrießen.
man sol in mit eim wasser begießen.
er tulwatzst, er waiß selbs nicht was.
ich main, er trag dem adel haß.
darümb woll wir in vom hoff stoßen
und wollen in ungefressen loßen.
es wer peßer, wir ließen in ertrenken,
denn das er uns an unsern ern sol krenken.

Der außschreier:
Nu schweigt, ir herrn, mit gemach!
geschoben hat man all eur sach;

---

reien, was für sie eine Einbuße ihres Renommees darstellt. Also wollen sie alles umsonst wieder zurückhaben, und so entstehen kriegerische Auseinandersetzungen. [130] Daher rate ich aus meiner Perspektive: kauft dem Adel nichts ab und leiht ihm nichts (so mein Narrenrat!), wenn ihr in Zukunft in Frieden leben wollt. *Der Ritter:* Die Redereien dieses Narren ärgern mich. [135] Man soll ihn mit Wasser übergießen. Er weiß selbst nicht, was er da schwätzt. Ich glaube, er haßt den Adel. Deshalb laßt uns ihn vom Hof verjagen und ihm nichts zu fressen geben. [140] Besser wäre es, ihn ertränken zu lassen, als daß er unsere Ehre schmälert. *Der ›Ausschreier‹*[21]*:* – Nun schweigt, ihr Herren, und beruhigt euch. Man hat sich eure Angelegenheiten durch den

21. Person, die das Spiel beendet; oft identisch mit dem ›Einschreier‹ oder Herold.

da pei lest man euch nun sagen,
man hat heut noch mer sach außzutragen.
und wißt: von heut über ein jar
so schol wir her wider kumen zwar.
herr der wirt, wir wollen dervon.
was wir schuldig sein, das schreibt uns an.
wenn wir ain fart her wider kumen,
so hab wir villeicht mer gelts zu uns genumen;
so wöll wir euch bezallen schon,
als denn solch gest schüln thon.
herr der wirt, gebt uns eurn segen.
wir schaiden von euch; got der sol eur pflegen.

Kopf gehen lassen; diesbezüglich läßt man euch nun ausrichten, [145] daß heute noch andere Fälle [vor diesem Gericht] zu verhandeln sind. Heute übers Jahr werden wir, das versichere ich, wieder hierherkommen. – Jetzt wollen wir fort, Herr Wirt.[22] Schreibt uns an, was wir schuldig sind. [150] Wenn wir unseren Weg noch einmal hierhernehmen, dann haben wir vielleicht mehr Geld eingesteckt; dann wollen wir Euch redlich bezahlen, wie Gäste unserer Art es tun. Herr Wirt, gebt uns Euren Segen. [155] Wir scheiden jetzt von Euch; Gott möge sich Euer annehmen.

22. Die Nürnberger Fastnachtspiele wurden z. T. in öffentlichen Gaststätten von Handwerkergruppen aufgeführt, die nach Beendigung ihrer Vorstellung oft sofort in ein anderes Aufführungslokal weiterzogen. Neben Wirtshäusern dienten auch Privathäuser oder Gemeinschaftsräume der Handwerkerschaft als Aufführungslokale der Fastnachtspiele, die also *nicht* in einem nur für Theaterveranstaltungen reservierten Gebäude stattfanden. ›Wirt‹ ist also je nach Spielzusammenhang als ›(Gast-)Wirt‹ oder ›Hausherr‹ zu übersetzen.

22. *Das Innsbrucker Osterspiel (aufgezeichnet 1391) 1–250 (Auszüge)*

Hic incipit ludus de resurrectione domini.

Primo exit Pilatus cum suis militibus.
Expositor ludi dicit:
Vernemet alle glîche,
beide arm und rîche,
ir jungen mit den alden,
daz iuwer got müeze walden.
swîct und sezt iuch nider zu der erden.
wir wullen iuch lazzen kunt werden,
wie unser herre ist entstanden
von des bittern tôdes banden
allem menschlichen geslechte ze trôste
(dâ mit er alle erlôste)
und wie er vert vor der helle tor
und wil nemen hervor,
die sînen willen haben getan,
beide frawen und man,
wie er die helle zustost,
vernichtet und enplost.

22.
Hier beginnt das Spiel von der Auferstehung des Herrn. *Zuerst tritt Pilatus mit seinen Soldaten heraus. Der Ansager des Spiels spricht:* Hört alle zu, arm und reich, jung und alt, damit Gott sich euer annehme. Schweigt und setzt euch nieder. [5] Wir wollen euch zeigen, wie unser Herr auferstanden ist aus den Banden des Todes, um dem ganzen Menschengeschlecht zu helfen (dadurch hat er alle erlöst), [10] und wie er vor das Höllentor zieht und die befreien will, die seinen Willen erfüllt haben, Frauen und Männer, wie er die Hölle verschließt, [15] vernichtet und leer macht. Denn

wan in funf tûsent jâren
kein mensch sô wol mohte gepâren,
er müeste spâte oder fru
iedoch der helle zu
und müeste die pîn lîden –
des mohte er niht vermîden.
daz wil got hiute brengen wider.
dar um swîct und sezt iuch nider
und seht diz spil zühteclîchen
durch gotes willen, des rîchen.
und merket aber vürbaz,
daz ir muget verstên deste baz,
waz ich iuch wil bediuten.
[. . .]

Quo facto Pilatus cantat »Ingressus Pyl.« [Die folgenden Zeilen stehen nicht im Original, sondern sind von den Herausgebern zur Vervollständigung hinzugesetzt worden.]

Post haec ingressus Pilatus
templum Judaeorum,
congregavit omnes principes sacerdotum
et grammaticos et scribas et legis doctores,
et ingressus est cum eis
in sacrarium templi.

---

fünftausend Jahre lang konnte kein Mensch sich so fehlerfrei verhalten, daß er nicht doch früher oder später in die Hölle gekommen wäre [20] und Pein hätte erleiden müssen – dem konnte niemand entgehen. Aber diese [Menschen] will Gott heute befreien. Deshalb schweigt, setzt euch hin und schaut euch dieses Spiel an [25] um Gottes, des Mächtigen, willen. Gebt auch deshalb acht, damit ihr besser versteht, was ich euch erklären werde. *Darauf singt Pilatus* »Ingressus Pyl.«: Danach betrat Pilatus [30] den Tempel der Juden, versammelte alle Hohenpriester, Schriftgelehrten und Gesetzeslehrer und ging mit ihnen in das Heiligtum des Tempels. [35]

et dicit:
Ich bin Pilatus genant,
ein konig in der Juden lant,
und wil hie, ein richte, sitzen,
daz alle Juden müezen schwitzen.
wirt Jesus ûf stân,
so müezen wir alle daz leben lân.

Servus respondet domino suo et dicit:
Herre, daz wil ich helfen bewaren,
scholde ich dar um ûz varen.
wir wullen schicken liute zu dem grabe,
daz der stein icht werde geworfen abe.
[...]

Et sic milites vadunt ad sepulchrum cantando:
Wir wullen zu dem grabe gên.
Ihesus, der wil ûf stên –
ist daz wâr, ist daz wâr,
so sint gulden unser hâr.

Quartus miles dicit ante sepulchrum:
gesellen, liebe gesellen mîn,

Er sagt: Ich bin Pilatus, bin König [!] im Land der Juden und will hier als Richter sitzen, so daß alle Juden [vor Angst] schwitzen müssen. Wenn Jesus aufersteht, [40] müssen wir alle das Leben lassen. *Ein Diener [des Pilatus] antwortet seinem Herrn und sagt:* Herr, ich will dabei mithelfen, das zu verhindern, und wenn ich sterben müßte. Wir wollen Leute zum Grab schicken, damit der Stein nicht weggewälzt wird. [45] *So gehen Soldaten zum Grab, die singen:* Wir wollen zum Grab gehn. Jesus will auferstehn – wenn das wahr ist, wenn das wahr ist, dann haben wir goldene Haare. *Vor dem Grab sagt der vierte Soldat:* Liebe Kameraden, [50] wir müssen auch heute nacht

wir suln ouch hint munter sîn,
wan wir wol haben vernomen,
daz Ihesus junger wellen komen
und wellen uns steln den lîchnam
und sprechen, er sî von dem tôde erstan.

Primus miles dicit:
Triuwen, gesellen, daz sol sîn.
nu lange mir her daz swert mîn,
ob Ihesus junger komen,
si suln sîn nemen keinen fromen.
wellen si den lîchnam von hinnen tragen,
si werden von uns gar wol zeslagen.
[...]
[Die Soldaten schlafen aber ein; als Pilatus mit einem Boten erscheint, findet er das Grab leer.]

Pilatus vadit cum nuntio ad sepulchrum et dicit:
Wan ir welt ritter wesen,
so sult ir hundes pulver lesen.
daz waere iuch baz angeborn,
wan daz ir traget ritters sporn.
[...]

---

wach bleiben, denn wir haben ja gehört, daß die Jünger Jesu kommen und uns den Leichnam stehlen wollen, um dann zu behaupten, er sei vom Tode auferstanden. [55] *Der erste Soldat sagt:* Wahrlich, Kameraden, so soll es geschehen. Nun reich mir mein Schwert, [damit,] wenn Jesu Jünger kommen, sie keinen Erfolg haben. Wenn sie den Leichnam forttragen, [60] werden sie von uns tüchtig verprügelt werden. *Pilatus kommt mit dem Boten zum Grab und sagt [zu den Soldaten]:* Ritter wollt ihr sein? Hundedreck solltet ihr sammeln! Das kommt euch eher zu als Rittersporen zu tragen. [65] *Der vierte Soldat sagt:* Ach je – Alarm! – wir

Quartus miles dicit:
ach zêter unde wâfen,
hie ist ze lanc geslâfen!
uns ist gestoln der lîchnam.
daz haben Ihesus junger getan.
wir sint küene recken –
ze einem warmen wecken.

Primus miles dicit:
daz alles ist dîn schult gewesen.
ich furcht, wir kunnen nicht wol genesen.

Secundus miles dicit:
ich hoer wol, waz du hâst gesprochen;
ez muoz an dir werden gerochen,
wan du lugest als ein rechter schalk.

Tertius miles dicit:
triuwen, des gilt mir ouch dîn balc.

Et percutiunt se – modicum – ad horam. Quo facto Ihesus et angeli ibunt ad infernum.

---

haben zu lange geschlafen. Der Leichnam ist uns gestohlen worden. Das haben Jesu Jünger getan. Wir sind tapfere Helden – [70] bei einer warmen Semmel. *Der erste Soldat sagt:* Das alles ist deine Schuld. Ich fürchte, das läßt man uns nicht durchgehen. *Der zweite Soldat sagt:* Ich habe gut gehört, was du gesagt hast; dafür wirst du deine Strafe schon bekommen, [75] denn du bist ein boshafter Mensch. *Der dritte Soldat sagt:* Wahrlich, dein Balg wird mir dafür Genugtuung geben!

Und sogleich prügeln sie sich – aber maßvoll. Danach gehen Jesus und die Engel zur Hölle.

23. Hans Folz (?): Der Bauernhandel (Nürnberger Fastnachtspiel des 15. Jh.s)

Der erst paur:
Mein lieber wirt, habt uns vergut:
wo hat man hie den pesten mut?
mein weip hat mich kaum auß pracht –
ich solt mein gesten nach wiltpret laufen.

Der ander paur:
Hie han ich ein hasen, gib ich dir zu kaufen.

1. Wie wilt du mir den hasen geben?
Ich wolt die vasnacht wol mit leben.

2. Umb zwenundzweintzigk gib ich dirn
und auch nit neher – oder laß mirn.

1. Se hin: ist einer, zwen, ist drey.

2. Halt freunt – mich dunkt, der sei von pley.

1. Nym den darfur oder laß sein.

23.

Der erste Bauer: Lieber Wirt / Hausherr, nehmt [die Frage] nicht übel: Wo ist man hier am freigebigsten? Meine Frau hat mich kaum heraustreiben können – ich soll für meine Gäste nach Wild laufen. *Der zweite Bauer:* Hier hab ich einen Hasen, den kannst du kaufen. [5] *1.* Für wieviel willst du mir den Hasen geben? Ich wollte über Fastnacht gut davon leben [oder: ›Ich möchte auch noch Fastnacht mitmachen‹, d. h., er will also für den Hasen nur wenig Geld ausgeben.]. *2.* Für 22 [Silberpfennige] geb ich ihn dir ab – billiger nicht, sonst laß ihn mir. *1.* Schau hin: das sind eins, zwei, drei. [10] *2.* Halt Freund – mir scheint, der ist aus Blei. *1.* Nimm den dafür oder laß es bleiben. *2.* Also

2. Also hab dank, lieber freunt mein.

1. Das ist 4, ist 5, ist sechß, ist siben.

2. Halt freunt – auff dem ist nichtz geschriben.

1. Ey, nym in hin; man nymt in gern.

2. Lieber, du darfst mich des nit lern.

1. Wol hin – ist 8, ist 9, ist zehen.

2. Peyt – do hab ich ein posen gesehen.
Er hat ein fel, als sei er tzin.

1. Schweig! Er ist gut und get gern hin.
Das ist 11, 12, das ist dreyzehen.

2. Peyt, freunt – wie ist den zweien geschehen?
Mich dunkckt, wie sie kupfrein seyen.

1. Ich torst dir wol dein mutter geheyen,
ee ich dirß wechßelt nach deinem mut.

---

dann danke, mein lieber Freund. *1.* Das sind vier, fünf, sechs, sieben. *2.* Halt – auf dem ist keine Prägung. [15] *1.* Ach was, nimm ihn, man wird ihn schon gern wieder von dir annehmen. *2.* Mein Lieber, ich brauche von dir keine Belehrung darüber. *1.* Nun gut, weiter: acht, neun, zehn. 2. Warte – da hab ich einen schlechten [= falschen] gesehen. [20] Er hat einen Fehler [oder: ›ein Fell‹, d. h. eine Oberfläche], als ob er aus Zinn wäre. *1.* Schweig! Er ist echt und wird [überall] als Bezahlung akzeptiert. Das sind elf, zwölf, dreizehn. *2.* Warte, Freundchen – was ist mit den zweien los? Mir scheint, sie sind aus Kupfer. *1.* Ich könnte wohl eher deine Mutter schänden [25] als es dir mit

2. Halt freunt – der ist auch nit gut!

1. Nu dar, du kumst ir gar wol ab,
wan ich kein aigen muntzer nit hab.
Das sein 14, und 2 hast du do.
Ley mir den hasen – hast genug also.

2. Das dich der riet wasch! Merck das geding:
ich gab dir in umb zweintzigk pfening.

1. So see, hab dir dic zwen auch noch.

2. Halt freunt – der hat mitten ein loch.

1. So see hin, nu pist du betzalt.

2. Peyt, lieber – der hat ein spalt.

1. Ge hin oder ich gib dir eins an ein or!

2. So se hin, hab dir das vor.

---

dem Bezahlen recht machen ... *2.* Halt, Freund – der ist auch nicht echt. *1.* Nun komm, du wirst sie schon wieder los; schließlich habe ich keinen privaten Münzmeister. Das sind vierzehn, und zwei hast du schon [in der Hand]. [30] Gib mir den Hasen, du hast genug bekommen. *2.* Daß der Teufel dir [das Fell] wasche! Erinnere dich an die Vereinbarung: ich wollte ihn dir für 20 Pfennig verkaufen. *1.* Dann schau her – da hast du die zwei auch noch. *2.* Halt Freund, der hat ein Loch in der Mitte. [35] *1.* Schau her – so, jetzt bist du bezahlt. *2.* Warte – der hat einen Riß. *1.* Geh oder ich geb dir eins aufs Ohr. *2.* Paß auf, nimm das da!

24. *Walther von der Vogelweide: Ich sach mit mînen ougen (zwischen 1198 und 1208)*

Ich sach mit mînen ougen
man unde wîbe tougen,
daz ich gehôrte und gesach,
swaz iemen tet, swaz iemen sprach.
ze Rôme hôrte ich liegen
und zwêne künege triegen.
dâ von huop sich der meiste strît,
der ê was oder iemer sît,
dô sich begunden zweien
die phaffen unde leien.
daz was ein nôt vor aller nôt –
lîp unde sêle lac dâ tôt.
die phaffen striten sêre,
doch wart der leien mêre.

24.

Ich sah mit eigenen Augen die Geheimnisse von Männern und Frauen, so daß ich hörte und sah, was immer jemand tat oder sagte. Wie man in Rom log, hörte ich, [5] und wie zwei Könige betrogen wurden. Dadurch entstand die größte Auseinandersetzung, die es je gab oder geben wird.[23] Es begann die Trennung von Geistlichen und Laien in zwei Parteien. [10] Das war eine Not, die alle anderen Nöte übertrifft – [denn] Körper *und* Seele fanden dabei den Tod. Die Geistlichen kämpften mit großem Einsatz, aber die weltliche

23. Nach dem Tod Kaiser Heinrichs VI. kam es 1198 zu einer Doppelwahl: sowohl der Staufer Philipp von Schwaben als der Welfe Otto (IV.) ließen sich auf Betreiben ihrer Anhängerschaft zum König krönen. In den folgenden Auseinandersetzungen ergriff Papst Innozenz III. die Partei Ottos. Mit den zwei Königen sind also nicht, wie früher angenommen, Philipp und Otto gemeint, sondern Philipp und der noch unmündige spätere Friedrich II., der eigentlich Anspruch auf den Thron hatte.

diu swert, diu leiten si dernider
und griffen zuo der stôle wider.
si bienen, die si wolten,
und niht, den si solten.
dô stôrte man diu goteshûs.
ich hôrte verre in einer klûs
vil michel ungebaere:
dâ weinte ein klosenaere.
er klagete got siniu leit:
»owê, der bâbest ist ze junc – hilf, herre, dîner kristenheit.«

25. *Thomasin von Zirclaria: Der welsche Gast (1215/16) 451–526 (Auszüge)*

Wil sich ein vrowe mit zuht bewarn,
si sol niht âne hülle varn.
si sol ir hül zesamen hân,
ist si der garnatsch ân.
lât si am lîbe iht sehen bar,
daz ist wider zuht gar.

Partei nahm an Zahl zu. Da legten die [Geistlichen] das Schwert weg [15] und griffen wieder zur Stola. Sie bannten, wen sie bannen wollten, und nicht, wen sie hätten bannen müssen. Da zerstörte man die Gotteshäuser. Fern in einer Klause hörte ich [20] lautes Klagen: ein Klausner weinte dort. Er klagte Gott sein Leid: »Ach, der Papst ist zu jung – hilf, Herr, deiner Christenheit.«

25.
Wenn eine Dame ihre gute Erziehung bestätigen will, dann soll sie nicht ohne Mantel ausgehen. Diesen Mantel soll sie zusammenhalten, wenn sie kein Obergewand anhat. Wenn sie an ihrem Körper eine Blöße sehen läßt, [5] dann ist das

ein riter sol niht vor vrowen gên
barschinc, als ich ez kan verstên.
ein vrowe sol niht hinder sich
dicke sehen, dunket mich.
si sol gên vür sich geriht
und sol vil umbe sehen niht.
ein juncvrowe sol selten iht
sprechen, ob man si vrâget niht.
ein vrowe sol ouch niht sprechen vil,
ob sie mir gelouben wil,
und benamen, swenn sie izzet,
sô sol si sprechen niht, daz wizzet.
man sol sich zem tische vast bewarn,
der nâch rehte wil gebarn.
dâ hoeret grôziu zuht zuo.
ein iegelîch biderb wirt der tuo
war, ob si alle habent genuoc.
der gast, der sî sô gevuoc,
daz er tuo diu glîche gar,
sam er dâ nihtes neme war.
swelich man sich rehte versinnet,

---

kein wohlerzogenes Betragen. Ein Ritter soll nicht mit bloßen Schenkeln vor Damen treten – das ist meine Überzeugung. Eine Dame soll sich nicht dauernd umsehen, meine ich. [10] Sie soll geradeaus gehen und sich nicht zu oft umblicken. Eine unverheiratete Frau soll niemals reden, wenn sie nicht gefragt wird. Überhaupt soll eine Dame nicht viel reden, [15] wenn sie sich an meine Belehrung hält, vor allem beim Essen soll sie nicht sprechen. Bei Tisch muß man sich zusammennehmen, wenn man sich anständig betragen will. [20] Dazu bedarf es sorgfältiger Erziehung. Jeder gute Gastgeber gebe acht, ob alle genug [zu essen] haben. Der Gast dagegen soll so höflich sein, so zu tun, [25] als ob er nichts bemerke [,wenn etwas fehlt]. Wenn man verständig

swenn er ezzen beginnet,
sô enrüer er niht wan sîn ezzen an
mit der hant – daz ist wol getân.
man sol daz brôt ezzen niht
ê man bringe die ersten riht.
ein man sol sich behüeten wol,
daz er nicht legen sol
bêdenthalben in den munt.
er sol sich hüeten zuo der stunt,
daz er trinke und spreche niht,
die wîl er habe im munde iht.
[...]
swer trinkend ûz dem becher siht,
daz stât hüfflîche niht.
ein man sol niht sîn ze snelle,
daz er neme von sîme geselle,
daz im dâ gevellet wol,
wan man sînhalp ezzen sol.
man sol ezzen ze aller vrist
mit der hant, diu engegen ist:
sitzet dîn gesell zer rehten hant,
mit der andern iz zehant.

---

ist, dann soll man, fängt man mit dem Essen an, nur die eigene Speise mit der Hand anfassen; so ist es richtig. [30] Brot soll man nicht essen, bevor der erste Gang gebracht wird. Man soll sich so zusammennehmen, daß man nicht mit beiden Händen [Speisen] zum Mund hineinstopft. [35] Man soll darauf achten, nicht zu trinken und dann zu sprechen, solange man noch etwas im Mund hat. Wer beim Trinken über den Becher schaut, verhält sich nicht gesittet. [40] Man soll nicht so dreist sein, seinem Tischgenossen wegzunehmen, was man selbst gern hätte, denn man soll nur von dem essen, was gerade vor einem steht. Essen soll man immer [45] mit der Hand, die auf der anderen Seite ist: sitzt dein Tischnachbar rechts, dann iß mit der linken Hand. Auch soll

man sol ouch daz gerne wenden,
daz man nien ezze mit beiden henden.
man sol ouch niht sîn ze snelle,
daz man tuo mit sîme geselle
in die schüzzel sîne hant,
wan er nimt si ûz zehant.
der wirt sol ouch der spîse enbern,
der sîn geste niht engern.
[...]
der wirt nâch dem ezzen sol
daz wazzer geben – daz stât wol;
dâ sol sich dehein kneht
denne dwahen, daz ist reht.
wil sich dwahen ein juncherre,
der sol gân einhalp verre
von den rittern und dwahe sich tougen;
daz ist hüffsch und guot ze den ougen.

---

man es unterlassen, mit beiden Händen zu essen. [50] Man soll auch nicht so hastig sein, mit seinem Tischgefährten zusammen die Hand in die Schüssel zu tun, wenn er seine noch nicht herausgenommen hat. Der Gastgeber soll auf Speisen verzichten, [55] die seine Gäste nicht mögen. Nach dem Essen soll der Gastgeber Wasser reichen – das gehört sich so; darin soll sich kein Nicht-Ritter waschen, denn das steht ihm nicht zu. [60] Wenn sich ein junger Adliger waschen will, so soll er sich von den Rittern entfernen und sich allein [eigentl.: ›verborgen‹] waschen; das ist höfische Sitte und sieht auch besser aus.[23a]

23a. Wie ausgesprochen langsam sich (in unserem Sinn) ›zivilisiertes‹ Benehmen im Mittelalter durchsetzte, kann man z. B. daraus ersehen, daß über 300 Jahre nach Thomasin Erasmus von Rotterdam in seiner Schrift »De civilitate morum puerilium« oft noch die gleichen ›schlechten Tischsitten‹ zu kritisieren hat.

26. Der Stricker: Karl der Große (zwischen 1220 und 1240) 605–708 (Auszüge)

Karl der Große hat erfahren, daß die Heiden in Spanien sich nicht zum christlichen Glauben bekehren wollen. Er bittet Gott, diese Aufgabe übernehmen zu dürfen. Ein Engel erscheint Karl und gewährt ihm die Erfüllung seiner Bitte; vorher muß er allerdings erst noch von seinem Stammland Kerlingen (= Frankreich) aus durch Eroberungen das Römische Reich gründen. Nachdem diese Eroberungen abgeschlossen sind, wendet Karl sich dem Spanienfeldzug zu. Er befragt zunächst die höchsten Fürsten seines Reiches (u. a. Roland, Olivier und den Erzbischof Turpin von Reims), ob sie sich dem Unternehmen anschließen. Die Fürsten ihrerseits befragen ihre Vasallen. Nachdem alle begeistert zugestimmt haben, wird das Heer aufgeboten.

Dô der keiser vernam,
daz si gote gehôrsam
alle wâren dirre verte
und sich des niemen werte,
dô sante er iesâ zehant
sine predigaere in daz lant
und enbôt in die hervart.
wie liep diu botschaft wart
der kristenheit gemeine!
des enwas niht ein kleine.
daz lant wart alsô laere,

26.
Als der Kaiser hörte, daß sie alle Gott gehorsam sein wollten und daß niemand sich dieser [Kreuz-]Fahrt widersetzte, da sandte er sofort [5] seine Prediger ins Land und rief das Heeresaufgebot zusammen. Wie hochwillkommen war diese Botschaft der ganzen Christenheit! [Die Begeisterung] war groß. [10] Das Land leerte sich, als man die göttliche Bot-

dô man daz gotes maere
sô bescheidenlîch vernam,
daz allez daz daz kriuze nam,
dem ez diu êhaftiu nôt
niht enwerte noch verbôt.
ez wart ein her wünneclich,
dô diu kristenheit sich
gesamnete an eine stat,
dar si der keiser komen bat.
ûf eine hôhe er dô gie
in almitten under sie
und hiez si willekomen sîn.
er sprach: »liebe bruoder mîn,
die daz kriuze her haben brâht
in brüederlîcher andâht,
der müeze der gotes segen
iemer êwiclîche phlegen.
ir sult des guoten trôst hân:
swaz ir dâ heime habt verlân,
ez sî friunt oder guot,
swer dise vart mit willen tuot,
daz giltet im got hundertvalt.
nû gebet iuch in gotes gewalt

---

schaft so klar hörte; alle nahmen das Kreuz, denen es die in den Bestimmungen aufgezählten Ausnahmegründe [15] nicht verwehrten oder verboten. Es sammelte sich ein stattliches Heer, als die Christen an einem Ort zusammenkamen, an den der Kaiser sie gerufen hatte. [20] Er trat auf eine Anhöhe mitten unter sie und hieß sie willkommen. Er sagte: »Liebe Brüder! Auf denen, die das Kreuz hierher [25] in brüderlicher Andacht gebracht haben, möge Gottes Segen für alle Zeiten ruhen. Seid dessen gewiß: Was ihr auch zu Hause zurückgelassen habt, [30] Freunde oder Besitz – wer diesen Zug bereitwillig mitmacht, dem wird Gott das hundertfach vergelten. Gebt euch in die Hand Gottes mit Leben und

mit lîbe und mit guote,
daz er nâch sînem muote
unser dinc verenden müeze.
[. . .]
diu kristenheit ist geladen
mit einem lasterlîchen schaden
von der heiden schulden.
wider unsers herren hulden
rîtent si in unser lant,
si stiftent roup unde brant –
sin wizzent, waz si rechent.
unser gotes hûs si zebrechent,
die liute vâhent si hie
unde opherent uns die
ze schanden für diu apgot.
daz ist des tiuvels spot.
si tuont in marter vil:
si setzent si ûf ze eime zil
und schiezent dar zuo mit phîlen.
nu sul wir dar nâch îlen,
daz siz niht langer trîben
noch ez niht genozzen blîben.
minnet got mit iwer kraft

Besitz, [35] auf daß er, so wie er es will, unser Unternehmen zu Ende führe. Die Christenheit ist mit schändlichem Unglück beladen durch die Schuld der Heiden. [40] Entgegen göttlichem Willen fallen sie in unser Land ein, treiben Plünderung und Brandschatzung – und das ohne jeden Grund. Sie zerstören unsere Gotteshäuser, [45] nehmen unsere Leute gefangen und opfern sie zu unserem Leid ihren Götzen. Das ist das schmachvolle Wirken des Teufels. [Die Gefangenen] setzen sie großen Martern aus: [50] sie stellen sie als Ziele auf und schießen mit Pfeilen nach ihnen. Laßt uns ihnen entgegeneilen, damit sie es nicht länger so treiben und nicht straflos bleiben. [55] Liebt Gott mit ganzem

und volget iwer meisterschaft.
sô dienet ir an dirre vart,
daz ein mensch nie sô saelec wart,
irn werdet sîn genôze.
got lônet iu sô grôze –
der iemer wunschen solte,
daz er niht baz enwolte.«
[...]
dô sprach der bischof Turpîn:
»bruoder, nû tuot wol schîn,
war umbe ir ûz sît komen,
daz heilige kriuze habt genomen,
daz unser herre selber truoc
und uns die sünde abe twuoc,
diu uns von Adâm ane kam.
daz kriuze ist harte lobesam:
ez schuof uns michel êre.
got hât uns sîne lêre
mit dem kriuze vor getragen.
der verte sul wir nâch jagen,
dar diu wâren gotes kint
vor uns hin gevarn sint,

Herzen und folgt euren Anführern. Dann werdet ihr auf diesem Zug einen Lohn erhalten, daß ihr euch an göttlicher Begnadung mit jedem anderen Menschen vergleichen könnt. [60] Gott wird euch so sehr belohnen – selbst wer die größten Wünsche hegt, wird sich keinen besseren Lohn vorstellen können.« Dann sprach Bischof Turpin: »Brüder, nun zeigt, [65] weshalb ihr ausgezogen seid und das heilige Kreuz genommen habt, das unser Herr selbst getragen hat, wodurch er uns von der [Erb-]Sünde reinigte, die von Adam auf uns gekommen ist. [70] Das Kreuz ist ruhmvoll: es hat uns großes Heil gebracht. Gott hat uns seine Lehre mit dem Kreuz vorgetragen. Wir müssen eilends der Fährte folgen, [75] auf der die wahren Gotteskinder uns vorangezogen sind,

die daz kriuze minnten hie,
und ouch noch varnt alle die,
die sich sô versinnent,
daz si ez ze rehte minnent.«

27. Wernher der Gartenaere: Helmbrecht (2. Hälfte 13. Jh.) 899–1035 (Auszüge)

Helmbrecht, ein junger Bauernsohn, hat den elterlichen Hof verlassen, weil er das Leben eines Ritters führen möchte. Nach einiger Zeit stattet er den Eltern einen Besuch ab; zunächst wird er mißtrauisch empfangen, weil er die Familie in einer mit vielen ausländischen Redewendungen geschmückten Sprache begrüßt. Als aber seine Identität feststeht, wird er freundlich aufgenommen.

Dô si mit vreuden gâzen,
der wirt niht wolde lâzen,
er vrâgte in der maere,
wie der hovewîse waere,
dâ er waere gewesen bî.
»sage mir, sun, wie der sî;
sô sage ich dir denne,

---

die hier auf Erden das Kreuz verehrten, und auf der auch heute noch alle die ziehen, die so klug sind, [80] das Kreuz in rechter Weise zu verehren.«

27.
Nachdem sie fröhlich gegessen hatten, wollte der Gastgeber [= Helmbrechts Vater] nicht darauf verzichten, ihn [= seinen Sohn] um Auskunft zu fragen, wie man an dem Hof lebe, an dem er gewesen sei. [5] »Sag mir, Sohn, wie [dort] die [Lebensweise] ist; dann will ich dir erzählen, wie ich

wie ich etewenne
bî mînen jungen jâren
die liute sah gebâren.«
»vater mîn, daz sage mir,
zehant sô wil ich sagen dir,
swes dû mich vrâgen wil.
der niuwen siten weiz ich vil.«
»wîlen, dô ich was ein kneht
und mich dîn ene Helmbreht,
der mîn vater was genant,
hin ze hove hete gesant
mit kaesen und mit eier
(als noch tuot ein meier),
dô nam ich der ritter war
und merkte ir geverte gar.
si wâren hovelîch und gemeit
und kunden niht mit schalcheit,
als nû bî disen zîten kan
manic wîp und manic man.
die ritter hêten einen site,
dâ liebten si sich den vrouwen mite:
einez ist buhurdieren genant

---

einmal in meiner Jugend die Leute sich [am Hof] verhalten sah.« [10] »Vater, erzähl mir das, dann will ich dir sofort berichten, wonach du mich fragst. Ich weiß viel über die neue Lebensart.« »Einst, als ich [noch] Knecht war [15] und dein Großvater Helmbrecht, mein Vater, mich an den Hof geschickt hatte mit Käse und Eiern (wie es ja heute noch die Meier tun), [20] da beobachtete ich die Ritter und achtete auf ihr Verhalten. Sie waren höfisch, frohgemut und verstanden sich nicht auf das bösartige Wesen, wie es heute [25] bei vielen Frauen und Männern anzutreffen ist. Die Ritter hatten Gewohnheiten, mit denen sie sich bei den Damen ins rechte Licht setzten: eine davon nannte man das »Buhurdie-

(daz tete mir ein hoveman bekant,
dô ich in vrâgte der maere,
wie ez genennet waere).
si vuoren, sam si wolden toben
(dar umbe hôrte ich si loben),
ein schar hin, diu ander her;
ez vuor dieser unde der,
als er einen wolde stôzen.
under mînen genôzen
ist ez selten geschehen,
daz ich ze hove hân gesehen.
als si danne daz getâten,
einen tanz si danne trâten
mit hôhvertigem gesange;
daz kurzte die wîle lange.
vil schiere kom ein spilman.
mit sîner gîgen huop er an.
dô stuonden ûf die vrouwen –
die möht man gerne schouwen.
die ritter gegen in giengen.
bî handen si si viengen.
dâ was wunne überkraft

---

ren« (so erklärte es mir ein Mitglied des Hofes, [30] als ich ihn um Auskunft nach dem Namen fragte). Sie ritten los wie wahnsinnig (ich hörte, wie man ihnen dafür Beifall spendete), zwei Scharen gegeneinander; [35] jeder ritt, als ob er einen anderen [vom Pferd] stoßen wollte. Unter Leuten meines Standes geschieht nie so etwas, wie ich es am Hof gesehen habe. [40] Nachdem sie damit fertig waren, machten sie einen Tanz unter frohem Gesang; das vertrieb ihnen die Zeit. Sofort kam auch ein Spielmann. [45] Der begann auf seiner Geige [zu spielen]. Da erhoben sich die Damen – man würde sie auch heute noch gern sehen! Die Ritter gingen ihnen entgegen. Sie faßten sie bei den Händen. [50] Freude

von vrouwen und von ritterschaft
in süezer ougenweide.
juncherren unde meide,
si tanzten vroelîche,
arme unde rîche.
als des danne niemer was,
sô gie dar einer unde las
von einem, der hiez Ernest.
waz iegelîcher aller gernest
wolde tuon, daz vant er.
dô schôz aber der ander
mit dem bogen zuo dem zil.
maniger vreuden was dâ vil.
einer jagete, diser birste.
der dô was der wirste,
der waere nû der beste.
hei, wie wol ich etwenne weste,
was triuwe und êre mêrte,
ê ez diu valscheit verkêrte.
die valschen und die lôsen,
die diu reht verbôsen
mit ir listen kunden –

---

im Übermaß herrschte, Damen und Ritter boten einen erfreulichen Anblick. Junge Adlige und Mädchen tanzten fröhlich, [55] ob arm oder reich. Als das geendet hatte, kam jemand und las etwas vor über einen namens Ernst[24]. Was jeder am liebsten [60] tat, dazu fand er dort Gelegenheit. Ein anderer wieder schoß mit dem Bogen auf ein Ziel. Vielfältige Unterhaltung gab es da. Einer jagte, einer pirschte. [65] Wer damals der Schlechteste war, wäre heute der Beste. Ach, wie gut kannte ich einst, was Treue und Ansehen mehrte, bevor die Unredlichkeit es ins Gegenteil verkehrte. [70] Die Unredlichen und Verschlagenen, die das Recht mit List zu

24. Epos vom Herzog Ernst; vgl. Text 5.

die herren in dô niht gunden
dâ ze hove der spîse.
der ist nû der wîse,
der lôsen unde liegen kan;
der ist ze hove ein werder man
und hât guot und êre
leider michels mêre
danne ein man, der rehte lebet
und nâch gotes hulden strebet.
als vil weiz ich der alten site.
sun, nû êre mich dâ mite
und sage mir die niuwen.«
»daz tuon ich entriuwen!
daz sint nû hovelîchiu dinc:
›trinka, herre, trinke trinc –
trinc daz ûz, sô trinc ich daz.
wie möhte uns immer werden baz.‹
vernim, waz ich bediute:
ê vant man werde liute
bî den schoenen vrouwen.
nû muoz man si schouwen
bî dem veilen wîne.

---

verderben verstanden – ihnen gewährten die Herren damals am Hof keinen Unterhalt. [75] ›Klug‹ ist jetzt der, der es versteht, zu heucheln und zu betrügen – er ist am Hof angesehen und hat leider viel mehr [80] Besitz und Ansehen [79] als jemand, der ein rechtes Leben führt und sich um die Gnade Gottes bemüht. Soviel weiß ich von der alten Art zu leben. Sohn, erweise mir Achtung, indem du mir von der neuen Art berichtest.« [85] »Wahrhaftig, das werde ich tun! Heute ist *das* höfisches Betragen: ›Trink, Herr, trink, trink – trink das aus, dann trink ich das. Wie könnte es uns je besser gehen!‹ [90] Höre, was ich berichte: Früher fand man die angesehenen Männer bei den schönen Damen. Heute wird man sie dort sehen, wo man Wein kaufen kann. [95] Die

daz sint die hoehsten pîne
den âbent und den morgen,
wie si daz besorgen,
ob des wînes zerrinne,
wie der wirt gewinne
einen, der sî alsô guot,
dâ von si haben hôhen muot.
daz sint nû ir brieve von minne:
›vil süeziu lîtgebinne,
ir sult vüllen uns den maser!‹
ein affe und ein narre was er,
der ie gesente sînen lîp
für guoten wîn umbe ein wîp.
wer liegen kan, der ist gemeit.
triegen – daz ist hövescheit.
er ist gevüege, wer den man
mit guoter rede versnîden kan.
wer schiltet schalclîche,
der ist nû tugentrîche.
der alten leben, gloubet mir,
die dâ lebent alsam ir,
die sint nû in dem banne
und sint wîbe und manne

---

größte Sorge ist es Tag und Nacht, wie man es ermöglicht, wenn der Wein ausgeht, daß der Wirt [100] einen genauso guten beschafft, der sie in Hochstimmung bringt. Das sind jetzt ihre Liebessprüche: ›Süße Schankwirtin, füllt mir den Becher!‹ [105] Ein Affe und Narr war, wer sich statt für guten Wein für eine Frau abgequält hat. Wer lügen kann, ist ›tüchtig‹. Betrügen – das ist höfisches Wesen. [110] ›Geschickt‹ ist, wer die Leute mit wohlgesetzten Reden hereinlegt. Wer schimpft wie ein Knecht, der gilt jetzt als ›gesittet‹. Glaubt mir: das Verhalten der Vorfahren, [115] die so lebten wie ihr, ist heute geächtet; Frauen und Männern

ze genôze als maere
als ein hâhaere.
âht unde ban daz ist ein spot.«
der alte sprach: »daz erbarme got
und sî im immer gekleit,
daz diu unreht sint sô breit.«
»die alten turnei sint verslagen
und sint die niuwen für getragen.
wîlen hôrt man kroyieren sô:
›helt ritter, weset vrô!‹
nû kroyieret man durch den tac:
›jage rinder, jage, jac,
sticha stich, slahe slach!
stümbel den, der ê gesach,
slach mir abe dem den vuoz,
tuo mir disem der hende buoz.
dû solt mir disen hâhen
und einen rîchen vâhen –
der gît uns wol hundert phunt.‹«

---

gilt ihre Gesellschaft soviel wie die eines Henkers. [120] Acht und Bann sind [nur noch ein Gegenstand des] Spottes.« Der Alte sagte: »Gott erbarme sich darüber, und es sei ihm ewig geklagt, daß das Unrecht sich so breitgemacht hat.« »Die Turniere alter Art sind verachtet – [125] man hat neue eingeführt. Früher hörte man den Schlachtruf so: ›Held, Ritter, seid frohen Mutes!‹ Heute braucht man den ganzen Tag den ›Schlachtruf‹: ›Jage Rinder, jage, jag! [130] Stich, töte! Stich dem die Augen aus, der früher sehen konnte, schlag dem für mich den Fuß ab, dem die Hände. Häng diesen auf [135] und fang [statt dessen] einen Reichen – der zahlt uns sicher hundert Pfund [Lösegeld].‹«

28. *Heinrich Wittenwiler: Der Ring (um 1400) 1–96 (Auszüge)*

Der obresten trivalticheit,
Marien, muoter, rainen mait,
dar zuo allem himelschen her
ze lob, ze dienst und auch ze er,
den guoten ze lieb, ze fröuden schein,
den bösen ze laid, ze herzen pein
schült es hören so zehant
ein puoch, daz ist ›der ring‹ genant.
[...]
nu ist der mensch so klainer stät,
daz er nicht allweg hören mag
ernstleich sach an schimpfes sag
und fröuwet sich vil manger lai.
darumb hab ich der pauren geschrai
gemischet unter diseu ler,
daz sei dest senfter uns beker.
[...]

28.
Der höchsten Dreifaltigkeit, der Mutter Maria, der reinen Jungfrau, und überdies allen himmlischen Heerscharen zum Lob, zum Dienst und auch zur Ehre, den guten [Menschen] zuliebe und zu ihrer Freude, [5] den bösen zuleide und zur Kränkung ihres Herzens sollt ihr jetzt dieses Buch sprechen hören, das ›Der Ring‹ heißt. Nun hat aber der Mensch einen so wankelmütigen Sinn, daß er nicht dauernd nur [10] ernsthafte Sachen ohne jeden Spaß hören will / kann, sondern er freut sich über die verschiedensten Themen. Deshalb habe ich bäuerliche Burlesken unter diese Belehrung gemengt, damit sie uns auf angenehmere Art bessere. – [15]

In dem tal ze Grausen
ein dorf, hiess Lappenhausen,
was gelegen wunnecleich,
an holtz und wasser überreich.
dar in vil esler pauren
sassen ane trauren.
under den ein junger was;
der hiess Bertschi Triefnas –
ein degen säuberleich und stoltz.
sam er gedraiet wär aus holtz
an dem feirtag gieng er umb;
er wär schlecht oder krumb,
er wär nahent oder verr,
der muost im sprechen junkherr.
was schol man euch nu mer sagen?
also wol kond er sich betragen,
daz die alten und die jungen
frawen sere nach im drungen.
doch was eineu sunderbar
in sinem hertzen, daz ist war.

In dem Tal zu Grausen lag in herrlicher Umgebung [18] ein Dorf namens Lappenhausen[25], [17] überreich an Holz und Wasser. Dort lebten viele eselhafte[26] Bauern [20] voll fröhlicher Zufriedenheit. Einer von ihnen war der junge Bertschi Triefnas – ein hübscher, hochgemuter Held. Wie aus Holz gedrechselt [25] spazierte er an Feiertagen herum; ob schief oder gerade, ob aus der Gegend oder von weit her [kommend]: jeder mußte ihn mit ›Junker‹ anreden. Was kann ich euch noch mehr erzählen? [30] Er verstand es, so fein aufzutreten, daß alte und junge Frauen sich geradezu um ihn rissen. Aber eine hatte einen ganz besonderen Platz in seinem Herzen, wie ich euch versichern kann; [35] das war

25. ›Lappen, Laffen‹, Narren.
26. Wortspiel ›esler-edler‹.

die hiess Mätzli Rüerenzumph.
sei was von adel lam und krumph,
ir zen, ir händel sam ein brand,
ir mündel rot sam mersand.
sam ein mäuszagel was ir zopf.
an ir kelen hieng ein kropf,
der ir für den bauch gie.
lieben gsellen, höret, wie
ir der rugg was überschossen –
man hiet ein gloggen drüber gossen.
die füessli waren dik und brait
also, daz ir kain wind laid
getuon moht mit vellen,
wolt sei sich widerstellen.
ir wängel rosenlecht sam äschen,
ir prüstel klein sam smirtäschen;
die augen lauchten sam der nebel,
der atem smacht ir als der swebel.
so stuond ir das gewändel gstrichen,
sam ir die sele wär entwichen.
sei kond also schon geparen,
sam sei wär von drien jaren.

---

die Mätzli Rüerenzumph. Die war von edlem Wesen: lahm und krumm. Ihre Zähne und Hände waren schwarz wie Kohle, ihr Mündchen [dagegen] ›rot‹ wie Sand. Ihr Zopf sah aus wie ein Mäuseschwanz. [40] An ihrer Kehle hing ein Kropf, der ihr bis auf den Bauch reichte. Liebe Freunde, laßt euch berichten, wie bucklig ihr Rücken war – man hätte eine Glocke darüber gießen können. [45] Ihre Füße waren dick und breit, so daß kein Wind sie umwerfen konnte, wenn sie sich entgegenstemmte. Ihre Bäckchen waren ›rosig‹ wie Asche, [50] ihre Brüstlein zierlich wie Lederbeutel. Ihre Augen ›leuchteten‹ wie Nebel, ihr Atem roch nach Schwefel. Ihr Kleid saß so gut, als wenn sie schon tot gewesen wäre. [55] Sie hatte das reife Betragen eines dreijährigen Kindes.

29. Der Pfaffe Konrad: Das Rolandslied (um 1170) Epilog; 9017–9094 (Auszüge)

Nu wunschen wir alle gelîche
dem herzogen Hainrîche,
daz im got lône.
di matteria, di ist scône.
di sůze wir von im haben:
daz bůch hiz er vor tragen,
gescriben ze den Karlingen;
des gerte di edele herzoginne.
[...]
daz si sîn ie gedâhten,
daz man iz fur brachte,
in tutische zungin gekêret,
dâ ist daz rîche wol mit gêret.
[...]
ob iu daz liet gevalle,

29.

Nun wünschen wir alle ohne Ausnahme dem Herzog Heinrich [= Heinrich der Löwe], daß Gott ihn belohne. Der Stoff [des Epos] ist ›schön‹. Die fromme Erbauung verdanken wir ihm [Heinrich]: [5] er hat die Vorlage beschaffen lassen, die in Frankreich geschrieben wurde; das geschah auf Wunsch der Herzogin [Mathilde][27]. Daß sie [beide] darauf gekommen sind, diese [Vorlage] herbeischaffen [10] und ins Deutsche übersetzen zu lassen, verschafft dem ganzen Reich Ehre und Anerkennung. – Wenn euch das Epos gefällt, dann

27. Heinrichs Ehefrau Mathilde war Tochter des englischen Königs und hatte vor ihrer Ehe lange in Frankreich gelebt, wo England über große Besitzungen verfügte. Man vermutet, daß Mathilde dort das französische Rolandslied, Konrads Vorlage, kennengelernt hat.

sô gedenket ir mîn alle.
ich haize der phaffe Chunrât.
alsô iz an dem bůche gescribin stât
in franczischer zungen,
sô hân ich iz in die latîne bedwungin,
danne in di tutiske gekêret.
ich nehan der nicht an gemêret,
ich nehan der nicht uberhaben.
swer iz iemir hôre gesagen,
der scol in der wâren gotes minne
ain pater noster singen:
ze helfe mînem herren,
ze trôste allen geloubigin sêlen,
daz unsich got an rechtem
geloubin mache veste,
daz uns an guten werken nine gebreste,
unt mahe uns sîn rîche gewis.
tu autem, domine, miserere nobis.

---

gedenkt meiner. Ich heiße Konrad und bin Geistlicher. [15] Genauso, wie es in der Vorlage in Französisch geschrieben ist, habe ich es ins Lateinische umgeformt und dann ins Deutsche übersetzt. Ich habe nichts hinzugefügt, [20] ich habe nichts fortgelassen.[28] Wer immer dieses [Epos] hört, der soll in der wahren Liebe zu Gott ein Vaterunser beten: für meinen Herrn [Heinrich], [25] zu Hilfe und Trost aller gläubigen Seelen, damit Gott uns im rechten Glauben festige, damit wir es nie an guten Werken fehlen lassen und damit Gott uns gewißlich in sein Reich aufnimmt. [30] Du aber, Herr, erbarme dich unser.

28. Anhand der französischen Fassungen des Rolandsliedes läßt sich belegen, daß Konrad hier *objektiv* die ›Unwahrheit‹ sagt. Die Berufungen auf eine Quelle haben aber im Mittelalter bestimmte Funktionen: einmal wird damit der Quelle die Verantwortung für den Wahrheitsgehalt zugeschoben, zum anderen erwartet das Publikum vom Autor die Benutzung solcher Quellen. Diese Erwartungshaltung sitzt so tief, daß manche Autoren deshalb sogar Quellen *erfinden*.

30. Heinrich von Veldeke: Eneit (um 1190)
Epilog (von einem Schüler Veldekes verfaßt); 13231–13274 (Auszüge)

Nu solen wir enden diz buch.
ez dûht den meister genuch,
der ez ûz der welsche kêrte,
ze tûsche er ez uns lêrte;
daz was von Veldeke Heinrîch.
das ist genugen wizzenlîch,
daz er ez tihten kunde. –
er hete ein lange stunde
daz mêre teil getihtet,
in tûsche berichtet,
unz daz der herre Eneas
frouwen Lavînen brief gelas,
und wolde ez vollebringen.
dô beleip ez von einem dinge:
er liez ez durch einen zorn –
er hete das buchelîn verlorn.
er liez ez einer frouwen
ze lesene und ze schouwen,

30.

Jetzt müssen wir das Buch beschließen. Es schien dem Meister hinreichend zu sein, der es aus dem Französischen übersetzt und uns in Deutsch mitgeteilt hat; dieser [Meister] war Heinrich von Veldeke. [5] Viele Leute wissen, daß er sich aufs Dichten verstand. – Heinrich von Veldeke hatte über eine lange Zeit hin schon den größten Teil gedichtet, in deutscher Sprache erzählt, [10] [und zwar] bis [zu der Stelle, wo] der Herr Äneas der Prinzessin Lavinia den Brief vorgelesen hatte, und er wollte es nun auch zu Ende führen. Aber das unterblieb aus einem bestimmten Grund: er ließ es aus Zorn sein, [15] denn das Buch war ihm verlorengegangen: er hatte es einer vornehmen Dame zum Lesen und Betrachten

ê man ez vol schreve;
daz was diu grâvinne von Cleve.
[...]
dô si der lantgrâve nam,
dô wart daz buch ze Cleve verstolen
einer frouwen, der ez was bevolen.
des wart diu grâvinne gram
dem grâven Heinrîch, der ez nam
und ez dannen sande
ze Doringen heim ze lande.
dâ wart mêre von geschriben
dan ob ez im war beliben –
daz mach man sagen vor wâr!
sînt was daz buch niun jâr
meister Heinrîche benomen,
daz er danach niht mochte komen –
unz er kam ze Doringen in daz lant,
dâ er den phalinzgrâven vant
von Sassen, der im daz buch liez
und ez in volmachen hiez.

[der Bilder?] überlassen, bevor es beendet werden sollte; das war die Gräfin von Kleve. [20] Als der Landgraf [von Thüringen] sie heiratete, wurde das Buch in Kleve einer Dame gestohlen, der es anvertraut worden war. Deswegen wurde die Gräfin wütend auf den Grafen Heinrich [von Schwartzburg]; der [nämlich] hatte es genommen [25] und weggeschickt in seine Heimat Thüringen. Dort wurde mehr daraus abgeschrieben, als wenn es bei ihm [Veldeke] geblieben wäre – das kann man wohl behaupten! [30] Seitdem blieb das Buch neun Jahre lang Meister Heinrich entzogen, so daß er es nicht in die Hand bekommen konnte – bis er selbst nach Thüringen kam, wo er den Pfalzgrafen [35] von Sachsen traf, der ihm das Buch [wieder] überließ und ihn aufforderte, es zu beenden.

31. *Hartmann von Aue: Der arme Heinrich (um 1190 bis 1200)*
Prolog; 1–25

Ein ritter sô gelêret was,
daz er an den buochen las,
swaz er dar an geschriben vant;
der was Hartman genant.
dienstman was er ze Ouwe.
er nam in manige schouwe
an mislîchen buochen.
dar an begunde er suochen,
ob er iht des vunde,
dâ mite er swaere stunde
möhte senfter machen,
und von sô gewanten sachen,
daz gotes êren töhte
und dâ mite er sich möhte
gelieben den liuten.
nu beginnet er iu diuten
ein rede, die er geschriben vant.
dar umbe hât er sich genant,
daz er sîner arbeit,

31.

Ein Ritter war so gebildet, daß er in Büchern lesen [konnte], was immer er darin geschrieben fand; dieser [Ritter] hieß Hartmann. Er war Ministeriale zu Aue. [5] Er sah immer wieder die verschiedensten Bücher durch. Er suchte darin [mit dem Ziel], ob er nicht etwas fände, womit er traurige Zeiten [10] erträglicher machen könnte; und zwar [suchte er nach] solchen Inhalten, die geeignet wären, Gottes Ehre [zu verkünden] und ihn [selbst gleichzeitig] bei den Menschen beliebt zu machen. [15] Er beginnt euch jetzt eine Geschichte zu erzählen, die er aufgeschrieben gefunden hat. Seinen Namen hat er deswegen genannt, damit er für seine Mühe,

die er dar an hât geleit,
iht âne lôn belîbe,
und swer nâch sînem lîbe
sie hoere sagen oder lese,
daz er im bittende wese
der sêle heiles hin ze gote.

32. Reinmar von Hagenau: Ich wirbe umb allez, daz ein man (vor 1205)
Str. 1 und 5

Ich wirbe umb allez, daz ein man
ze wereltlîchen vröiden iemer haben sol:
daz ist ein wîp, der ich enkan
nâch ir vil grôzen werdekeit gesprechen wol.
lob ich si, sô man ander frouwen tuot –
dazn nimet eht si von mir niht für guot.
doch swer ich des: si ist an der stat,
dâs ûz wîplîchen tugenden nie fuoz getrat.
daz ist in mat!

---

die er darauf verwendet hat, [20] nicht ohne Lohn bleibe und [damit], wer immer nach seinem Tod [diese Geschichte] vortragen höre oder [selbst] lese, für sein Seelenheil zu Gott Bittgebete spreche. [25]

32.
Ich bemühe mich um alles, was ein Mann braucht, um die Freuden der Welt auf ewig zu besitzen: das ist eine Frau, deren unermeßlichem Wert mein Lob nicht gerecht werden kann. Rühme ich sie so, wie man es bei anderen Frauen macht – [5] dann wird sie daran kein Gefallen haben. Aber ich schwöre: ihre Lebensweise ist so, daß sie nie einen Fußbreit von den Tugenden der Frau abgewichen ist. Das bedeutet für die [anderen Frauen] das Schachmatt!

Und ist, daz mirs mîn saelde gan,
daz ich abe ir redendem munde ein küssen mac versteln,
gît got, daz ichz mit mir bringe dan,
sô wil ichz tougenlîche tragen und iemer heln.
und ist, daz siz für grôze swaere hât
und vêhet mich dur mîne missetât –
waz tuon ich danne, unsaelic man?
dâ heb ichz ûf und legez hin wider, dâ ichz dâ nan –
als ich wol kan.

33. Reinmar von Hagenau: Ich wil allez gâhen (vor 1205) Str. 3

Swaz in allen landen
mir ze liebe mac geschehen:
daz stât in ir handen;
anders niemen wil ichs jehen.
si ist mîn ôsterlîcher tac
und hân si in mînem herzen liep.
daz weiz er wol, dem nieman niht geliegen mac!

Und wenn das Glück es mir vergönnt, [10] ihrem Mund, während er spricht, einen Kuß zu stehlen, gibt es Gott, daß ich diesen [Kuß] mitnehmen kann, dann will ich ihn heimlich aufbewahren und für immer verbergen. Wenn sie aber darüber nun gekränkt ist und mich wegen meines Vergehens haßt – [15] was mache ich dann, ich Unglücklicher? Dann nehme ich den [Kuß] und lege ihn wieder dorthin, wo ich ihn hergenommen habe – das traue ich mir zu!

33.
Was immer mir auf der Welt Angenehmes widerfahren kann: es liegt in ihren Händen; von niemand anderem kann ich das behaupten. Sie ist mein ›Ostertag‹, [5] und ich liebe sie von Herzen. Der, den niemand belügen kann, weiß es!

34. Walther von der Vogelweide: Ein man verbiutet âne phliht (um 1198)

In dem dône: Ich wirbe umb allez, daz ein man

Ein man verbiutet âne phliht
ein spil, des im ouch nieman wol gevolgen mac.
er giht, sô wenne ein ander wîp ersiht
sîn ouge, daz si sî sîn ôsterlîcher tac.
wie waere uns andern liuten sô geschehen,
suln wir im alle sînes willen jehen?
ich bin, derz im versprechen muoz –
bezzer waere mîner frouwen senfter gruoz.
deist mates buoz!

»Ich bin ein wîp da her gewesen
sô stete an êren und ouch alsô wol gemuot,
ich trûwe ouch noch vil wol genesen,
daz mir mit stelne nieman keinen schaden tuot.
swer küssen hie ze mir gewinnen wil,

34.
Nach der Melodie: Ich wirbe umb allez, daz ein man
Ein Mann bietet ohne Rücksicht auf die Gesellschaft so hohe Einsätze beim Spiel, daß ihm niemand folgen kann. Er sagt [nämlich], wenn er eine bestimmte Frau sieht, sie sei sein ›Ostertag‹. Was würde uns anderen geschehen. [5] wenn wir ihm unterschiedslos zustimmten? Ich bin es, der ihm darin widersprechen muß – es wäre besser, sich meiner Herrin weniger ungebärdig zu erklären – das wehrt sein ›Matt‹ ab.
(Fiktive Rede der von Reinmar und Walther besungenen Dame:)
Ich bin bisher eine Frau gewesen, [10] so beständig in ehrsamer Lebensführung und von so festem Charakter, daß ich mir auch noch künftig zutraue, dem zu entgehen, daß mir jemand durch Diebstahl Schaden zufügt. Wer mir einen

werbe aber ez mit vuoge und anderm spil.
ist, daz ez im wirt ê iesâ,
er muoz sît iemer sîn mîn diep und habe imz dâ
und anderswâ!«

35. Walther von der Vogelweide: Ich hân mîn lêhen (wahrscheinlich 1220)

Ich hân mîn lêhen, al die werlt, ich hân mîn lêhen!
nû enfürhte ich niht den hornunc an die zêhen
und wil alle boese herren dester minre flêhen.
der edel künec, der milte künec hât mich berâten,
daz ich den sumer luft und in dem winter hitze hân.
mîn nâhgebûren dunke ich verre baz getân –
si sehent mich niht mêr an in butzen wîs als sî wîlent tâten.
ich bin ze lange arm gewesen âne mînen danc.

Kuß abgewinnen will, der bemühe sich darum mit passendem Benehmen und einem anderen Spiel. [15] Wird ihm der [Kuß] aber schon vorher unversehens zuteil, dann wird er mir für immer als Dieb dafür geradestehen müssen, und dies hier und anderswo!

35.

Ich habe mein Lehen, alle Welt!, ich habe mein Lehen. Jetzt fürchte ich nicht mehr für meine Zehen im Februar und werde also künftig geizige Herren weniger anbetteln. Der edle König, der freigebige König[29] hat mich so ausgestattet, daß ich es im Sommer luftig und im Winter warm habe. [5] Meinen Nachbarn komme ich jetzt weitaus beachtenswerter vor – sie sehen mich nicht mehr an wie ein Gespenst, wie sie es früher gemacht haben. Ich bin zu lange gegen meinen

29. Friedrich II. (1194–1250), deutscher König und Kaiser.

ich was sô voller scheltens, daz mîn âtem stanc;
daz hât der künec gemachet reine und dar zuo mînen sanc.

36. Wolfram von Eschenbach: Parzival
Einschub des Verfassers; 115,11–116,5

Schildes ambet ist mîn art.
swâ mîn ellen sî gespart,
swelhiu mich minnet umbe sanc,
sô dunket mich ir witze kranc.
ob ich guotes wîbes minne ger,
mac ich mit schilde und ouch mit sper
verdienen niht ir minne solt,
al dar nâch sî sie mir holt.
vil hôhes topels er doch spilt,
der an ritterschaft nâch minnen zilt.

Willen arm gewesen. Ich war so voll Schmähreden[29a], daß mein Atem stank. Das hat der König rein gemacht und dazu noch mein Singen. [10]

36.
Ich bin von ritterlichem Stand. Wenn es mir an Tapferkeit mangeln und mich eine Frau nur wegen meiner Dichtung lieben würde, dann scheint mir eine solche Frau doch sehr töricht zu sein. Wenn ich mich um die Liebe einer angesehenen Frau bewerbe [5] und nicht fähig bin, mit Schild und Speer ihren Liebeslohn zu verdienen, dann soll sie mir auch entsprechende [nämlich: keine] Zuneigung schenken. Wer jedoch mit rittergemäßem Tun nach Minne strebt, [10] der spielt ein Spiel mit hohem Einsatz. [9] Wenn die Frauen es

29a. In einer Reihe seiner Sprüche ›schmäht‹ Walther hochgestellte Persönlichkeiten wegen mangelnder Freigebigkeit.

hetens wîp nicht für ein smeichen,
ich solt iu vürbaz reichen
an disem maere unkundiu wort;
ich spraeche iu der âventiure vort.
swer des von mir geruoche,
dern zels ze keinem buoche.
ine kan deheinen buochstap.
dâ nement genuoge ir urhap –
disiu âventiure
vert âne der buoche stiure.
ê man si hete vür ein buoch –
ich waere ê nacket âne tuoch,
so ich in dem bade saeze,
ob ichs questen niht vergaeze.

---

nicht als [bloße] Schmeichelei abtun wollten, dann möchte ich euch gern weiter in dieser Geschichte unerhörte Dinge berichten und mit der âventiure fortfahren. Wer das von mir wünscht, [15] soll [dann aber] das [Resultat] nicht als ›Buch‹ auffassen. Ich kann keinen einzigen Buchstaben. Es gibt schon genug [Dichter], die um [ihre Lesekünste] großes Aufheben machen [oder: ›Leute, die aus ihren Lesekünsten ihren Sauerteig beziehen‹][29b]; *diese* [= meine] âventiure verläuft ohne Lenkung durch [Quellen-]Bücher. [20] Ehe man meine Geschichte als ›Buch‹ bezeichnet, möchte ich lieber im Bad sitzen [23] ohne Tuch und nackt – [22] aber nicht ohne [wenigstens] den Badewedel dabeizuhaben.

29b. Diese Stelle wird interpretiert als Seitenhieb auf Hartmann von Aue, der seine Lesekünste hervorhebt (vgl. Text 31,1 ff.). Wolframs Polemik wird durch sein Werk nicht ›gerechtfertigt‹: für alle seine Epen hat er nachweislich Quellen benutzt, für den »Parzival« Chrestien de Troyes, für den »Willehalm« eine französische Chanson de Geste, und zumindest der Stoff und die Personen des »Titurel« stammen ebenfalls aus der französischen Epik. Allerdings steht tatsächlich nicht fest, ob Wolfram lesen konnte; nötig war das im mittelalterlichen Literaturbetrieb offensichtlich nicht, da es unter den Dichtern nachweislich auch Illiteraten gegeben hat.

37. Gottfried von Straßburg: Tristan ›Literaturexkurs‹; 4619–4799 (Auszüge)

Hartman der Ouwaere –
ahî, wie der diu maere
beide ûzen unde innen
mit worten und mit sinnen
durchverwet und durchzieret,
wie er mit rede figieret
der âventiure meine!
wie lûter und wie reine
sîne kristallînen wortelîn
beidiu sint und iemer müezen sîn!
si koment den man mit siten an,
si tuont sich nâhe zuo dem man
und liebent rehtem muote.
swer guote rede ze guote
und ouch ze rehte kan verstân,
der muoz dem Ouwaere lân
sîn schapel und sîn lôrzwî.
swer nû des hasen geselle sî
und ûf der wortheide
hôchsprünge und wîtweide

37.
Hartmann von Aue – ach, wie der seine Geschichten außen und innen mit Wort und Geist färbt und ziert, [5] wie er mit dem Wortlaut die Aussage seiner ›âventiure‹ formt! Wie lauter und rein seine kristallenen Wörter sind – und ewig sein werden! [10] Mit Anstand und Bescheidenheit kommen sie auf das Publikum zu, nähern sich ihm und wirken auf den, der rechten Geschmack besitzt, angenehm. Wer eine gute Dichtung gut und richtig zu verstehen fähig ist, [15] der muß dem von Aue seinen Ehrenkranz und Lorbeerzweig lassen. Wer aber nun nach Art des Hasen auf dem Feld der Dichtkunst Hochsprünge machen und Haken schlagen will [20]

mit bickelworten welle sîn
und ûf daz lôrschapelekîn
wân âne volge welle hân,
der lâze uns bî dem wâne stân,
wir wellen an der kür ouch wesen.
[...]
Noch ist der verwaere mêr:
von Steinahe Blikêr –
diu sîne wort sint lussam;
si worhten vrouwen an der ram
von golde und ouch von sîden.
man möhtes undersnîden
mit kriecheschen borten.
er hât den wunsch von worten;
sînen sin den reinen –
ich waene, daz in feinen
ze wundere haben gespunnen
und haben in in ir brunnen
geliutert unde gereinet.
[...]
wen mac ich nû mêr ûz gelesen?

---

mit zusammengewürfelten Worten und sich auf den Lorbeerkranz Hoffnung macht, ohne daß ihm jemand dabei folgen kann[30], der lasse *uns* in der Hoffnung, bei dieser Wahl auch noch zugegen zu sein [d. h.: ein Wort mitreden zu können]. [25] Noch mehr ›Maler‹ gibt es [unter den Dichtern]: Bligger von Steinach – seine Worte erwecken Freude; vornehme Damen haben sie im Webrahmen aus Gold und Seide gefertigt, [30] und man könnte und möchte sie mit Borten [aus] griechischem [Gold] verzieren. Seine Wendungen sind unübertrefflich; seinen reinen Sinn – ich glaube, daß Feen [35] ihn so erstaunlich fein gesponnen und dann in ihrer Quelle geläutert haben. – Wen kann ich noch

30. Diese Kritik bezieht sich mit größter Wahrscheinlichkeit auf Wolfram von Eschenbach.

ir ist und ist genuoc gewesen
vil sinnec und vil rederîch.
von Veldeken Heinrîch
der sprach ûz vollen sinnen.
wie wol sanc er von minnen,
wie schône er sînen sin besneit!
ich waene, er sîne wîsheit
ûz Pegases ursprunge nam,
von dem diu wîsheit alliu kam.
[...]
nu sprechen umb die nahtegalen:
die sint ir dinges wol bereit
und kunnen alle ir senede leit
sô wol besingen unde besagen.
welhiu sol ir baniere tragen,
sît diu von Hagenouwe,
ir aller leitevrouwe,
der werlde alsus geswigen ist,
diu aller doene houbetlist
versigelt in ir zungen truoc?
[...]

---

mehr herausheben? Es gibt und gab ihrer genug, [40] die klug und inhaltsreich [gedichtet haben]. Heinrich von Veldeke dichtete aus reichem Verstand. Wie gut sang er von Minne, wie schön arbeitete er den Sinn heraus! [45] Ich glaube, er hat sein Können direkt aus der Quelle des Pegasus[31] geschöpft, aus der ja alles Können [der Dichter] stammt. – Reden wir nun von den Nachtigallen: die verstehen sich auf ihre Kunst [50] und können all ihr sehnsüchtiges Leid in Lied und Wort vortragen. Welche [Nachtigall] soll nun ihre Fahne tragen, nachdem die von Hagenau[32], ihrer aller Anführerin, [55] für die Welt verstummt ist, [sie,] die die kunstvollsten aller Melodien in ihrer Kehle verschlossen trug? Ich glaube,

31. geflügeltes Roß in der griechischen Mythologie. Durch den Huftritt des Pegasus soll die Hippokrene, die Quelle der Musen, entstanden sein.
32. Reinmar von Hagenau.

ich waene, Orphêes zunge,
diu alle doene kunde,
diu doenete ûz ir munde.
sît daz man der nu niht enhât,
sô gebet uns eteslîchen rât.
ein saelic man der spreche dar;
wer leitet nû die lieben schar,
wer wîset diz gesinde?
ich waene, ich sî wol vinde,
diu die baniere vüeren sol –
ir meisterinne kan ez wol,
diu von der Vogelweide.

38. Der Stricker: Die Frauenehre (nach 1220)
Prolog; 1–149 (Auszüge)

Mîn herze hât mit mir gestriten:
ich wolte tichtens hân vermiten;
dô vragt ez mich, durh welche nôt.
ich sprach: »dô sint die werden tôt,

Orpheus' Zunge, die sich auf alle Melodien verstand, [60] tönte aus ihrem Mund. Da sie nun nicht mehr ist, gebt uns doch Ersatz. Ein begnadeter Mensch möge seine Stimme erheben. Wer leitet nun die liebe Schar, [65] wer weist dem Gefolge den Weg? Ich glaube, ich finde sie schon, die jetzt die Fahne führen soll – ihre Meisterin kann es, die von der Vogelweide[33]. [70]

38.

Mein Herz hat mit mir gestritten: Ich wollte mit Dichten aufhören; da fragte es mich, aus welchem Anlaß. Ich sagte: »Die, welche [der Dichtung] würdig waren, die [entspre-

33. Walther von der Vogelweide.

die manige tugende behielten
und grôzer vreude wielten –
und hân die vreude mit in hin.
nu enhân ich niht so rîchen sin,
daz ich den vreude kunne geben,
die âne vreude wellent leben.«
da wider sprach daz herze mîn:
»nu lobe si, unz si guot sîn,
die noch in hôhem muote stên
und iht mit vreuden umbe gên.
der leben lâ dir wol behagen!
du solt in tihten unde sagen.
du maht si wol von schulden loben:
die werlt beginnet noch sô toben –
die dich nu dunkent ungemuot,
die deuchten danne harte guot,
sô sie noch baz verkêrent sich.«
dâ wider sprach aber ich:
»swie nâhen mir ir erge gê –

---

chende] Tugenden besaßen [5] und ein frohes und hochgestimmtes Leben führten, sind gestorben und haben die ›Freude‹ mit [ins Grab] genommen. Und *so* begabt bin ich doch nicht, daß ich es verstünde, denen Freude zu schenken, die ja überhaupt kein Leben in Freude führen wollen.« [10] Dagegen wandte mein Herz ein: »Lobe doch diejenigen, bis sie ein völlig richtiges Leben führen, die noch hochherzig sind und [wenigstens noch] etwas die frohsinnige Unterhaltung pflegen. Laß dir deren Leben eine Aufmunterung sein! [15] Für sie sollst du dichten und [deine Dichtung] vortragen. *Sie* zu loben hast du allen Grund: mag die Welt noch so verwirrt sein – die jetzt einen verdrossenen Eindruck auf dich machen, die werden dir [vielleicht noch] als sehr gute Charaktere erscheinen, [20] wenn sie sich erst noch mehr zum Guten wenden.« Darauf wieder sagte ich: »Wie nah mir auch ihre Kargheit geht – aber ihre Freudlosigkeit schmerzt

mir tuot ir unvreude wê
(des ist mîn tihten ein wint)
und daz si niugern sint,
daz tuot mir grôze swaere.
swen ich gemache ein maere,
daz wol ze hoeren zimt,
swer ez danne vernimt
zwir oder drîstunt,
der giht, ez sî in wol kunt;
dem ist ez alt sâ zehant.
wie hân ich denne gewant
mîn arbeit, die dar ane lît,
sît ez in sô kurzer zît
alt wirt und ungeneme?«
»ist dir daz widerzeme?«,
sprach mîn herze iesâ.
ich sprach vil ernestlîchen: »jâ.«
[. . .]

ist ieman, der vor nîde
ditz maere unsanfte lîde,
der durh des hazzes süeze

---

mich geradezu (deshalb ist ja auch mein Dichten sinnlos [geworden]), [25] und daß sie so neuerungssüchtig sind, das kränkt mich sehr. Wenn ich etwas gedichtet habe, das wohl verdient, gehört zu werden, und jemand hört es dann auch [30] zwei- oder dreimal, dann sagt der [sofort], er kenne es ja schon; für ihn ist es dann gleich veraltet. Wozu denn dann meine ganze Mühe, die dafür aufgewendet worden ist, [35] wenn alles in so kurzer Zeit veraltet und wertlos wird?« »Mißfällt dir das?«, fragte mein Herz. Ich antwortete – und es war mir bitter ernst –: »Ja!« – [40]
Gibt es aber nun jemand, der sich aus Mißgunst über diese Dichtung ärgert und der, verliebt in seine eigene Boshaftig-

alsô gedenken müeze:
›ditz ist ein schoenez maere,
daz ouch nû der Strickaere
die vrouwen wil bekennen!
ern solde si niht nennen
an sînen maeren, waer er wîs.
sîn leben und vrouwen prîs
die sint einander unbekant.
ein phert und alt gewant
die stüenden baz in sînem lobe!‹ –
swen alsô dunke, daz ich tobe,
der swîge doch, unz er verneme,
wie mîn lop den vrouwen zeme.
dar nâch entslieze er sînen munt.

---

keit, etwa auf den Gedanken gebracht wird: ›Das ist ja eine schöne Geschichte, [45] daß nun auch der Stricker Ahnung von vornehmen Frauen haben will! Er sollte sie, wenn er klug ist, in seinen Dichtungen nicht erwähnen. Das Leben, das er führt, und das Lob edler Damen [50] haben nichts miteinander zu tun. Über Pferde und alte Kleider[34] sollte er besser Loblieder singen!‹ – wer also denkt, ich phantasiere, der möge doch einmal ruhig sein, bis er gehört hat, [55] wie mein Lob den Damen gerecht wird. Danach kann er [ja immer noch] seinen Mund aufmachen.

34. Pferde und getragene Kleider werden mehrfach in mittelalterlichen Dichtungen als übliche Geschenke an Unterhaltungskünstler von niedrigerem sozialen Status erwähnt (z. B. »Moriz von Craûn« 1001 ff., 1046 ff.; »Kudrun« 49,4; »Erec« 2183; Walther 25,7; 25,26; 63,3; bei Stricker noch in den »Herren zu Österreich« 115 f.). Die Rangabstufung unter den Künstlern ist sehr streng; das Angewiesensein auf Lohn diskriminiert, ein Synonym für fahrende Berufskünstler ist »gernde diet« ([um Gaben] heischendes Volk). Hartmann von Aue tituliert im »Erec« 2167 seine Berufskollegen niederen Standes als Leute, die »guot umbe êre nemen«, ähnlich Walther 25,28.

39. Wolfdietrich (C) (2. Hälfte 13. Jh.)
Prolog

I. Hie muget ir gerne hoeren singen unde sagen
von kluoger âventiure; so müezet ir gedagen.
ez wart ein buoch funden, daz sage ich iu für wâr,
ze Tagemunt in dem klôster. da lac ez manic jâr.

II. Sît wart ez gesendet ûf in Beier lant;
dem bischove von Eistet wart daz buoch bekant.
er kurzte im dar abe die wîle wol sibenzehen jâr;
da vant er âventiure, daz sage ich iu für wâr.

III. Alsô verdrôz den fürsten, daz buoch er überlas.
manic seltsaene wunder dar an geschriben was.
er kurzte im dar abe die wîle, unz er sîn ende nam.
dar nâch über zehen jâr dô vant ez sîn cappellân.

IV. Dô er daz buoch überlas, an den arm er ez genam.
er truoc ez in daz klôster für die frouwen wol getan,

39.

I. Hier könnt ihr zu eurem Vergnügen in Wort und Ton etwas über interessante ›âventiuren‹ hören; dann müßt ihr aber auch schweigen. Ein Buch wurde gefunden – ich sage die Wahrheit! – im Kloster von Tagemunt. Dort hat es viele Jahre gelegen.

II. Später wurde es nach Bayern gebracht; [5] der Bischof von Eichstätt lernte das Buch kennen. Er vertrieb sich damit während siebzehn Jahren die Zeit; er fand darin ›âventiure‹ – das kann ich euch versichern.

III. Wenn der [geistliche] Fürst Langeweile hatte, las er in dem Buch. Viel Merkwürdiges und Wunderbares stand darin. [10] Er vertrieb sich damit die Zeit bis zu seinem Tod. Nach zehn weiteren Jahren fand es sein Kaplan.

IV. Nachdem der das Buch gelesen hatte, nahm er es unter den Arm und trug es in das Kloster für adlige Damen, das zu

daz ze sante Walburc ze Eistete stât.
merkt von dem guoten buoche, wie ez sich zerspreitet hât.

V. Diu eptissin was schoene, alsô uns ist gesaget.
sie sach daz buoch gerne, wan ez ir wol behaget.
sie sazt für sich zwên meister, die lêrtenz durch hübscheit.
daz sie dran funden geschriben, daz brâhtens in die kristenheit.

40. Konrad von Würzburg: Herzmaere (vor 1280) Prolog; 1–28

Ich prüeve in mînem sinne,
daz lûterlîchiu minne
der werlte ist worden wilde.
dar umb sô sulen bilde
ritter unde frouwen

St. Walburg in Eichstätt liegt. [15] Beachtet, welche Verbreitung das Buch gefunden hat.
V. Die Äbtissin war, wie man uns berichtet hat, sehr ›schoene‹[35]. Sie freute sich, als sie das Buch sah, denn es gefiel ihr. Sie ließ zwei Gelehrte zu sich kommen, die es im Interesse höfischer Bildung studierten. Was sie darin geschrieben fanden, teilten sie der Christenheit mit. [20]

40.
Ich habe überlegt und festgestellt, daß reine Minne der Welt fremd geworden ist. Deshalb sollen Ritter und Damen [5] in

35. Mhd. schoene kann je nach Zusammenhang die verschiedensten Bedeutungen haben (›schön‹, ›fromm‹, ›vornehm‹).

an disem maere schouwen,
wand ez von ganzer liebe seit.
des bringet uns gewisheit
von Strâzburc meister Gotfrit:
swer ûf der wâren minne trit
wil eben setzen sînen fuoz,
daz er benamen hoeren muoz
sagen unde singen
von herzeclîchen dingen,
diu ê wâren den geschehen,
die sich dâ haeten undersehen
mit minneclîchen ougen.
diu rede ist âne lougen –
er minnet iemer deste baz,
swer von minnen etewaz
hoeret singen oder lesen.
dar umbe wil ich flîzec wesen,
daz ich diz schoene maere
mit rede alsô bewaere,
daz man dar an kiesen müge
ein bilde, daz der minne tüge,
diu lûter unde reine
sol sîn von allem meine.

---

dieser Erzählung ein Beispiel sehen, denn sie berichtet von vollkommener Liebe. Dessen versichert uns Meister Gottfried von Straßburg: Wer auf dem Weg wahrer Minne [10] ohne Stolpern seinen Fuß setzen will, der muß sich wirklich Erzählungen und Lieder anhören über Herzensangelegenheiten, mit denen früher die zu tun hatten, [15] die sich angesehen haben mit den Augen der Liebe. Diese Worte sind wahr – besser liebt, wer über die Liebe schon etwas [20] aus der Dichtung erfahren hat. Deshalb will ich mich bemühen, diese schöne Erzählung so zuverlässig wiederzugeben, daß man aus ihr ein Beispiel gewinnen kann, [25] das der Liebe dienstbar ist, die lauter und rein von allem Falsch sein soll.

VIII. Übersetzungsprobleme

41. Walther von der Vogelweide: Ich saz ûf eime steine (zwischen 1197 und nach 1198)

Ich saz ûf eime steine
und dahte bein mit beine;
dar ûf sazt ich den ellenbogen.
ich hete in mîne hant gesmogen
daz kinne und ein mîn wange.
dô dâhte ich mir vil ange,
wie man zer werlte solte leben.
deheinen rât kond ich gegeben,
wie man driu dinc erwurbe,
der keines niht verdurbe:
diu zwei sint êre und varnde guot,
daz dicke einander schaden tuot;
daz dritte ist gotes hulde,
der zweier übergulde.
die wolte ich gerne in einen schrîn.
ja leider des enmac niht gesîn,
daz guot und wertlich êre
und gotes hulde mêre
zesamene in ein herze komen.
stîc unde wege sint in benomen.
untriuwe ist in der sâze,
gewalt vert ûf der strâze.
vride unde reht sint sêre wunt.
diu driu enhabent geleites niht, die zwei enwerden ê gesunt.

Übersetzung Hans Böhm (1944)

Ich saß auf einem Felsen und deckte ein Bein mit dem andern; darauf stützte ich den Ellenbogen. In meine Hand hatte ich [5] das Kinn und meine eine Wange geschmiegt. Da erwog ich eindringlich, wie man auf Erden leben müßte.

Keinen Rat wußte ich zu geben, wie man drei Schätze erlangen könnte, [10] ohne daß einer von ihnen verloren ginge. Zwei von denen sind Ansehen und vergänglicher Besitz, die oft einander Abbruch tun; Gnade bei Gott ist das dritte, von höherem Wert als die beiden anderen. [15] Die wünschte ich mir in *einen* Kasten. Aber wahrhaftig, das ist leider unmöglich, daß Besitz und Ansehen vor der Welt und dazu noch Gnade bei Gott zusammen in *ein* Herz kommen. [20] Weg und Steg sind ihnen verlegt: Treulosigkeit lauert im Hinterhalt, Gewalttätigkeit treibt Straßenraub; Frieden und Recht sind todwund. Die drei haben keinen Geleitschutz, wenn diese beiden nicht vorher genesen.

Übersetzung P. Hase (1962)

Ich saß auf einem Stein,
Schlug übers Bein das Bein.
Den Ellenbogen setzt' ich drauf,
Und stützend nahm die Hand mir auf
Das Haupt mit Wange und mit Kinn.
Verzweifelt dacht' ich her und hin,
Wie man auf Erden könne leben.
Ich wußte keinen Rat zu geben,
Wie man drei Ding' besäße
Und keins das andre fräße.
In Ehren *und* in Gold zu leben –
Das pflegt sich meistens aufzuheben.
Doch beide überstrahlt der Stern
Der Gnade unsres Himmelsherrn.
Die drei wollt' ich zusammenzwingen –
Zu meinem Schmerz will's nicht gelingen,
Daß Reichtum, Ansehn in der Welt
Mit Gottes Gnad' zusammenfällt,
Und sie drei in *ein* Herz gelangen.
Weg und Steg sind abgefangen,
Die Falschheit hockt im Hinterhalt,

Und auf der Straße fährt Gewalt.
Friede und Recht sind tödlich verwundet.
Den *dreien* wird keine Sicherheit, bevor die *zwei* nicht ganz gesundet.

Übersetzung Karl Bernhard (1976)

Ich sitz auf einem stein
und stelle bein zu bein;
darüber linke elle;
hand unters kinn
als kelle. – – –
nach langem
tiefem
dösen
kann ich das
rätsel lösen:
wie goldene moneten
vertragen sich
mit beten?:
in todesnähe
blutigwund
hört gott auch kläffen
reichen hund.

42. *Walther von der Vogelweide: Der in den ôren siech von ungesühte sî (vor 1208)*

Der in den ôren siech von ungesühte sî –
daz ist mîn rât: der lâz den hof ze Dürengen frî;
wan kumet er dar – dêswâr, er wirt ertoeret!
ich hân gedrungen, unz ich niht mê dringen mac;
ein schar vert ûz, diu ander in, naht unde tac;
grôz wunder ist, daz iemen dâ gehoeret!

der lantgrâve ist so gemuot,
daz er mit stolzen helden sîne habe vertuot,
der iegeslîcher wol ein kemphe waere.
mir ist sîn hôhiu fuore kunt:
und gulte ein fuoder guotes wînes tûsent phunt –
dâ stüende ouch niemer ritters becher laere!

Übersetzung Peter Wapnewski (1962)

Wer ein empfindliches Trommelfell hat,
der mache, rate ich, einen Bogen um den Hof zu Thüringen.
Denn kommt er dorthin, dann wird er wahrhaftig taub werden.
Ich habe das gesellschaftliche Treiben dort mitgemacht bis ich nicht mehr konnte.
Die einen ziehen aus, die andern ein, Nacht und Tag.
Ein Wunder, daß da überhaupt noch jemand sein Hörvermögen bewahrt hat.
Der Landgraf ist so gebaut,
daß er mit wackeren Helden sein Hab und Gut durchbringt,
von denen ein jeder gut und gern ein Schaukämpfer sein könnte.
Mir ist sein üppiger Lebensstil bekannt:
und kostete ein Fuder guten Weines tausend Pfund,
so stünde auch dann nie eines Ritters Becher leer.

Übersetzung Peter Rühmkorf (1975)

Wer etwa an zu feinen Ohren leidet,
dem sei geraten, daß er Thüringen vermeidet:
möglich, daß er dortselbst total ertaubt.
Ich habe mitgehalten bis zum Gehtnichtmehr:
Ein Haufe zieht hinaus, ein anderer kommt her,
so Tag wie Nacht, bis man zu taumeln glaubt.

Der Landgraf ist von solcher Art,
daß er zuletzt an seinen lieben Helden spart,
jeder für sich ’ne Zirkusnummer wert.
Ich kenne seinen ausgesuchten Stil:
Für eine Fuhre Wein sind tausend Pfund ihm nicht zuviel:
Hauptsache, daß sich nie der Becher leert.

43. Nibelungenlied (um 1200)
Str. 1–3

Uns ist in alten maeren   wunders vil geseit
von helden lobebaeren,   von grôzer arebeit,
von freuden hôchgezîten,   von weinen und von klagen,
von küener recken strîten   muget ir nu wunder hoeren sagen.

Ez wuohs in Burgonden   ein vil edel magedîn,
daz in allen landen   niht schoeners mohte sîn.
Kriemhilt was si geheizen;   sie wart ein schoene wîp.
dar umbe muosen degene   vil verliesen den lîp.

Der minneclîchen meide   triuten wol gezam.
ir muoten küene recken,   niemen was ir gram.
âne mâzen schoene   sô was ir edel lîp.
der juncfrouwen tugende   zierten anderiu wîp.

Übersetzung Gotthard Oswald Marbach (1841)

Uns ist in alten Mären des Wunders viel gesagt
von Helden, reich an Ehren, in Mühsal unverzagt.
Von Freude und Festzeiten, von Weinen und von Klagen,
von kühner Recken Streiten mögt ihr nun Wunder hören sagen.

Es wuchs in Burgunden ein schönes Mägdelein,
so daß in allen Landen kein schönres mochte sein.
Sie war Kriemhild geheißen und war ein herrliches Weib;
um sie verloren viele Degen Leben und Leib.

Mit Fug es kühnen Recken wohl in die Sinne kam,
die Minnige zu kosen; niemand war ihr gram.
Schön ohne Maßen war ihr edler Leib;
mit ihrer Tugend schmückte sich noch manch andres Weib.

Übersetzung Helmut Brackert (1970)

In alten Geschichten wird uns vieles Wunderbare berichtet: von ruhmreichen Helden, von hartem Streit, von glücklichen Tagen und Festen, von Schmerz und Klage, vom Kampf tapferer Recken: Davon könnt auch Ihr jetzt Wunderbares berichten hören.

Im Land der Burgunden wuchs ein edles Mädchen heran, [5] das war so schön, daß in keinem anderen Land der Welt ein schöneres hätte sein können. Ihr Name war Kriemhild. Später wurde sie eine schöne Frau. Um ihretwillen mußten viele Helden ihr Leben verlieren.

Das liebliche Mädchen verdiente es, geliebt zu werden. Tapfere Recken bemühten sich um ihre Gunst: niemand konnte ihr feindlich gesinnt sein; [10] denn die Edle war unbeschreiblich schön. Die Gaben, die ihr Natur und Stand verliehen hatten, wären auch für andere Frauen eine Zierde gewesen.

44. Hartmann von Aue: Iwein
Prolog; 1–17

Swer an rehte güete
wendet sîn gemüete,
dem volget saelde und êre;
des gît gewisse lêre
künec Artûs der guote,
der mit ritters muote
nâch lobe kunde strîten.
er hât bî sînen zîten
gelebet alsô schône,
daz er der êren krône
dô truoc und noch sîn name treit.
des habent die wârheit
sîne lantliute –
si jehent, er lebe noch hiute.
er hât den lop erworben;
ist im der lîp erstorben,
sô lebet doch iemer sîn name.

Übersetzung Franz Saran (1964)

Keinem, der sein Sinnen und Trachten
auf das Ideal des ritterlichen Lebens richtet,
wird Glück im Leben und Achtung in der vornehmen Welt je fehlen.
Das beweist untrüglich
das Beispiel des Königs Artus, der das Muster eines Ritters war.
Denn, echt ritterlich gesinnt,
verstand er es, kämpfend nach Ruhm zu streben.
Er hat zu seiner Zeit
ein solch vorbildlich glänzendes höfisches Leben geführt,
daß damals kein Fürst der Welt berühmter war als
er und noch jetzt sein Name über alle erglänzt.

Darum hat
sein Volk recht,
wenn es behauptet, er lebe noch heute.
Denn sein Leib ist zwar in Staub zerfallen,
aber er hat solchen Ruhm erworben,
daß sein Name niemals untergehen wird.

Übersetzung THOMAS CRAMER (1966)

Wer nach dem wahrhaft Guten
von ganzem Herzen strebt,
dem wird Ansehen vor Gott und den Menschen als sicherer Lohn zuteil.
Ein Beweis dafür ist
der edle König Artus,
der mit ritterlichem Geist
es wohl verstand, Ruhm zu erringen.
Zu seiner Zeit hat er
ein so vorbildliches Leben geführt,
daß er den Kranz der Ehren
damals trug, wie auch jetzt noch sein Name damit geschmückt ist.
Darum haben
seine Landsleute recht,
wenn sie sagen, er lebe noch heute.
Er hat Ruhm erworben,
und ist er selbst auch tot,
wird doch sein Name stets fortleben.

Zu den Verfassern und Texten

Vorbemerkung

Die Dürftigkeit *biographischer Informationen* über mittelalterliche Autoren ist nur zum Teil bedingt durch den Verlust von Quellen. Vielmehr erklärt sie sich vor allem durch die im Mittelalter nicht nur in diesem Punkt völlig anders gearteten Informationsbedürfnisse und -bedingungen. Zum einen läßt das engere Verhältnis Autor–Publikum, das sehr oft bis hin zu persönlicher Bekanntschaft geht, die Nennung biographischer Daten meist als überflüssig erscheinen. Zum anderen tritt, wo es sich um geistliche Autoren zumal der Frühzeit handelt, die Autorpersönlichkeit schon aus dem Selbstverständnis der Verfasser und dem speziellen Schreibzweck heraus völlig zurück: man schreibt ›ad maiorem dei gloriam‹ (zum höheren Ruhm Gottes) und zur Belehrung, die Autoren begeben sich bewußt in eine *dienende* Position – nicht die Person des Autors ist wichtig, sondern das Werk. Und schließlich sind auch die ›offiziellen‹ Einrichtungen, die für die Erfassung von Daten und für die Forschung als Überlieferungsträger in Frage kommen – Kirchenbücher, Sterbelisten, Kanzleien usw. – mehr für die Erledigung von Ad-hoc-Aufgaben vorgesehen als für eine lückenlose und für die ›Ewigkeit‹ und ›Nachwelt‹ bestimmte Datenerfassung und Datenweitergabe.
Die folgende kurze Zusammenstellung versucht diesen Sachverhalt nicht zu verschleiern. Es kann sich aber lohnen, die oben kurz angesprochenen Bedingungen mit im Unterricht zu thematisieren und zu einem eigenen Themenkomplex auszubauen.

Albrecht von Johansdorf: Belegbar zwischen 1180 und 1209 als Ministeriale des Bistums Passau; trägt seinen Namen nach dem Ort Johansdorf (heute: Jahrsdorf) in Niederbayern. Verfasser von Kreuzzugs- und Minnelyrik, letztere z. T. in der Tradition der alten donauländischen Minnedichtung, die im Unterschied zum sog. ›Hohen Minnesang‹ die Gegenseitigkeit der Minnebeziehung thematisiert.

Der arme Hartmann: Vermutlich Laienbruder in einem Kloster, vielleicht adligen Standes. Herkunft umstritten (Mitteldeutschland? Thüringen? Rheinland?).

Dietmar von Eist (Aist/Agist/Aste): Ein Dietmar von Eist (nach einem nördlichen kleinen Nebenfluß der Donau) urkundet schon seit 1139 selbständig. Inhaltliche und formale Traditionen der Dichtung lassen jedoch Zweifel an einer Identität aufkommen; eine Datierung der Lieder vor 1150 wäre schwer zu halten.

Hans Folz: Stammt nach eigenem Bericht aus Worms, geboren zwischen 1435 und 1440. Ließ sich 1459 als ›Barbier‹ (d. h. nicht akademisch ausgebildeter Wundarzt) in Nürnberg nieder. Literarische Tätigkeit nachweisbar erst seit den siebziger Jahren des 15. Jh.s. Später unterhielt Folz eine eigene Druckerei und verlegte eigene und fremde Werke. Gestorben Anfang 1513. Verfasser von Meisterliedern, Fastnachtspielen, Reimpaarsprüchen mit weltlichen und geistlichen Themen, Fachliteratur über medizinische Themen (im weitesten Sinne), u. a. einer Anweisung über die Verhütung und Bekämpfung der Pest.

Gottfried von Straßburg: Der Name des *Tristan*-Verfassers ist nur durch andere Autoren (Ulrich von Türheim, Heinrich von Freiberg, Rudolf von Ems, Konrad von Würzburg) überliefert. Seine Straßburger Herkunft wird jedoch durch seine Sprache bestätigt. Gestorben wahrscheinlich bald nach 1210. Hat neben dem (unvollständigen) *Tristan*-Roman wahrscheinlich auch Lyrik verfaßt, allerdings vermutlich nicht die unter seinem Namen überlieferten, sondern zwei unter dem Namen Ulrichs von Lichtenstein in die Große Heidelberger Liederhandschrift aufgenommene Gedichte (auch dies ist jedoch umstritten).

Hartmann von Aue: Alemanne; lebte ungefähr zwischen 1160 und 1210. Ministeriale; von den vielen in Frage kommenden ›Aue‹ werden als die wahrscheinlichsten betrachtet: Obern- oder Niedernau bei Rottenburg am Neckar; Aue bei Freiburg i. Br.; Eglisau am Rhein, westlich von Schaffhausen. Vermutlich Klosterschulbildung (s. Prolog zum *Armen Heinrich*, Text 31). Verfasser von Minne- und Kreuzzugslyrik, zweier Artusromane (*Erec*, *Iwein*), des sog. *Klagebüchleins* (allegorisches Streitgedicht in der Form eines Dialogs zwischen Herz und Leib über Fragen der höfischen Minnegesittung), zweier legendenhafter Erzählungen (*Gregorius*, *Der arme Heinrich*). – Teilnahme an einem Kreuzzug (1189/90 oder 1197/98), wahrscheinlich unter dem Eindruck des Todes seines Dienstherren.

Heinrich von Melk: Vermutlich ebenfalls Angehöriger des niederen Adels, der als Laienbruder in ein Kloster eingetreten ist. Früher auf Grund der Nennung eines Abtes ›Erchenfridus‹ dem Benediktinerkloster Melk an der Donau zugeordnet; heute wird als Aufenthaltsort überwiegend das Kloster Altenberg bei Horn/Niederösterreich angenommen, wo es ebenfalls einen Abt Erchenfried gab. Die Datierung verschiebt sich damit von ›vor 1163‹ auf ›vor 1196‹. Heinrich hat neben den *Erinnerungen an den Tod* noch ein *Priesterleben* verfaßt, in dem ebenfalls Ständekritik vorgenommen wird.

Heinrich von Morungen: Der Herkunft nach wahrscheinlich Thüringer (Beiname nach der Burg Morungen bei Sangerhausen?). Lebte um 1200; nach einer sehr späten chronikalischen Notiz soll er 1222 gestorben sein. Als Mäzene kommen der Thüringer und/oder der Hof von Meißen in Frage; Beziehungen zu den Staufern sind sehr unsicher. – Von Morungen sind 33 Lieder überliefert, die meist weit weniger konventionell sind als die mancher seiner Zeitgenossen. In ihnen wird z. T. wieder die alte Auffassung von der Minne als sinnverwirrender, beängstigender Macht aufgegriffen – dies aber fast immer ohne die ehemaligen religiösen Negativ-Implikationen des Motivs.

Heinrich von Rugge: Vielleicht der im letzten Viertel des 12. Jh.s urkundlich bezeugbare ›Henricus de Rugge‹, Angehöriger eines Ministerialengeschlechtes der Tübinger Grafen. Hat neben Minneliedern einen Kreuzzugsleich verfaßt (*Leich*: aus der Sequenz entstandene, der ma. Hymne ähnliche, nichtstrophische Großform).

Heinrich von Veldeke: Beiname nach einem Dorf in der westlichen Maasgegend? Nur über sein Werk, urkundlich-chronikalisch überhaupt nicht greifbar. Verfasser einer *Servatius*-Legende (daher vermutlich in Beziehungen zum Maastrichter Domstift St. Servatius; Auftraggeber waren die Gräfin Agnes von Loon und der Maastrichter Küster Hessel); der *Eneit* (Auftraggeberschaft ungeklärt; zu möglichen Aufenthaltsorten während der Arbeit an diesem Epos s. Text S. 149 f.); verloren ist eine ihm im *Moriz von Craûn* V. 1160 ff. zugeschriebene Dichtung von König Salomo. – Heinrich von Veldeke wird von einer Reihe mhd. Autoren lobend erwähnt; vgl. auch Text S. 160, Vers 42 ff.).

Heinrich Wittenwiler: Niederadliger; Mitglied einer thurgauischen Familie aus dem Ort Wittenweil, die jedoch schon im 13. Jh. nach Wyl übersiedelte. Tätig als Advokat in Konstanz. Die bisherige ungenaue Datierung seines *Ring* (›um die Wende des 14. zum 15. Jh.‹) wird durch eine demnächst erscheinende Dissertation (R. Clahsen) erheblich verbessert werden können.

Herzog Ernst: Die älteste erhaltene Fassung des Stoffes stammt aus der 2. Hälfte des 12. Jh.s; für vermutete Vorformen sind keine Textzeugen erhalten. Stoff zusammengesetzt aus dichterisch verarbeiteter deutscher Geschichte und orientalischem Erzählgut, das vermutlich durch die Kreuzzüge (seit 1096) nach Europa gelangte. Behandelt den Konflikt zwischen einem Reichsfürsten und dem (mit ihm verwandten) dt. König und Kaiser; darin verarbeitet sind an historischem Hintergrund die Absetzung eines Markgrafen Ernst (861), der Aufstand des Schwabenherzogs Liudolf gegen Otto I. (953) und der des Schwabenherzogs Ernst II. gegen Konrad II. (1026). Nach dem Kampf mit dem Kaiser begibt sich der Ernst der Dichtung in den Orient; nach vielen märchenhaften, z. T. von Kreuzzugsatmosphäre erfüllten Abenteuern kommt es zur Rückkehr nach Deutschland und zur Versöhnung mit dem Kaiser. – Neben mittelhochdeutschen sind auch lateinische Fassungen erhalten.

Innsbrucker Osterpiel: Osterspiele sind eine Form des geistlichen Schauspiels. Das mittelalterliche geistliche Drama war zunächst eine einfache Erweiterung der gottesdienstlichen Liturgie, durch welche die lateinischen Texte erläutert wurden. Nachdem die Stücke umfangreicher geworden waren und – nicht zuletzt wohl wegen der Spiellust des Bürgertums – immer mehr Rollen aufgenommen (oder erfunden!) werden mußten, verlagerte sich der Aufführungsort von der Kirche auf öffentliche Plätze. Im Spätmittelalter gehörten Aufführungen geistlicher Spiele zu den spektakulärsten Ereignissen im Leben einer Stadt; daher findet man auch Berichte darüber in Chroniken. Die Spiele verlangten einen derartigen finanziellen und organisatorischen Aufwand, daß sie oft nur in mehr als einjährigem Rhythmus aufgeführt werden konnten. – Die Stellung der *Kirche* zur Aufführung religiöser Spiele war zwiespältig: einerseits wurden sie als Mittel der Laienbelehrung empfunden, und die Kirche behielt sich oft die Durchführung und Leitung der Spiele vor; es gab aber auch Stimmen, welche die Darstellung religiöser Ereignisse auf der Bühne als Profanierung ansahen und sich dagegen wehrten.

Kaiser Heinrich: Mit größter Wahrscheinlichkeit tatsächlich der Sohn Friedrich Barbarossas, der spätere Heinrich VI. (1190–97). Die drei von ihm überlieferten Lieder stammen wohl aus seiner Jugend; vermutet wird die Zeit um 1184 (Mainzer Hoffest Barbarossas zur Feier der Schwertleite seiner Söhne), wofür es aber keine Belege gibt.

Heinrich Kaufringer: Nachweisbar um 1500 als Bürger von Landsberg am Lech. Überliefert sind von ihm rund zwanzig Reimpaardichtungen kleineren Umfangs, teils mehr unterhaltend, teils mit Schwerpunkt auf der Didaxe.

Konrad von Würzburg: Standesverhältnisse ungeklärt, jedenfalls aber nicht adlig; benannt nach seinem vermutlichen Geburtsort. Nach einer Wanderperiode (?), vielleicht mit Tätigkeit an niederrheinischen Höfen, seßhaft in Basel, wo Konrad Hausbesitz erworben hat und 1287 gestorben ist. Nach den Gönnernennungen in seinen Werken arbeitete er für Basler und Straßburger Auftraggeber. Besaß bei Zeitgenossen und Nachfahren großes Renommee; z. T. haben Autoren sogar Namensplagiate vorgenommen, um ihren Dichtungen mehr Aufmerksamkeit zu verschaffen. – Konrad war sowohl von der reinen Quantität als auch von dem von ihm verwendeten Gattungsspektrum her der in seiner Zeit produktivste und vielseitigste dt. Autor. Werke: drei Romane (*Engelhard*, *Partonopier*, *Der Trojanerkrieg*); Legenden (*Alexius*, *Pantaleon*, *Silvester*); Verserzählungen (*Herzmaere*, *Heinrich von Kempten*, *Der Schwanritter*), zahlreiche Lieder und Sprüche, zwei Leichs; dazu eine panegyrische Wappendichtung (*Das Turnier von Nantheiz*), die allegorische *Klage der Kunst* und die ›Exempeldichtung‹ *Der Welt Lohn*.

Meinloh von Sevelingen: Schwabe; die Familie ist erst im 13. Jh. in Söflingen bei Ulm belegbar. Gehört zusammen mit dem Kürnberger, Dietmar von Eist und den Burggrafen von Rietenburg und Regensburg zur Frühgruppe des donauländischen Minnesangs, die insgesamt vor 1175 einzuordnen ist.

Nibelungenlied: Mit 34 Handschriften und Fragmenten das am reichsten überlieferte Heldenepos des Mittelalters (die Anzahl der überlieferten Handschriften wird meist als – allerdings unsicherer – Indikator für die Beliebtheit und Verbreitung eines Werkes angesehen). Datiert auf vor 1205. Der Stoff muß sehr alt sein und reicht z. T. bis in die Völkerwanderungszeit zurück. Hypothesen über ältere Fassungen sind aber reine Spekulation geblieben. Der Inhalt des Nibelungenliedes wird auch in altnordischer Dichtung überliefert.

Otfried von Weißenburg: Zwischen 820 und 830 Schüler des Hrabanus Maurus in Fulda. Später Mönch im Kloster Weißenburg/Unterelsaß (heute: Wissembourg). Lebte bis ca. 875; das Evangelienbuch ist auf Grund von Widmungsschreiben ziemlich genau zu datieren.

Der Pfaffe Konrad: Geistliche namens Konrad, die am Regensburger Welfenhof tätig waren, sind urkundlich belegbar; eine Identität mit dem Verfasser des deutschen Rolandsliedes läßt sich in keinem Fall erweisen. Die im Epilog erwähnte Quelle, eine frz. Chanson de Roland, ist in einer ältesten Fassung von ca. 1100 und in mehreren späteren Bearbeitungen erhalten, von denen jedoch keine die direkte Vorlage Konrads gewesen sein kann. Fälschlich wurde Konrad früher auch die Verfasserschaft für die ebenfalls in Regensburg entstandene *Kaiserchronik* (beendet 1147) zugewiesen.

Reinmar von Hagenau (oder ›Reinmar der Alte‹ zwecks Unterscheidung von mehreren späteren Dichtern gleichen Namens): Neben Walther von der Vogelweide der von den großen Sammelhandschriften am meisten beachtete Lyriker, dessen Name aber durch keine Urkunde überliefert ist. Den Namenszusatz ›von Hagenau‹ entnimmt man Gottfrieds Literaturexkurs (s. Text 37), der aber seinerseits den Namen Reinmar nicht nennt. Als Ort seiner Tätigkeit ist nur der Wiener Hof der Babenberger nachweisbar, an welchem er allerdings der tonangebende Dichter gewesen zu sein scheint. Gestorben ist er 1205 oder kurz danach. – In seinen Minneliedern treibt er das Dienst- und Verzichtmotiv des Hohen Minnesangs auf die Spitze.

Rudolf von Fenis: Identisch mit dem Grafen Rudolf II. von Neuenburg/Schweiz. Urkundlich belegt zwischen 1158 und 1192. Gestorben vor 1196. Die sieben von ihm überlieferten Lieder stehen nach Inhalt und Form der provenzalischen Dichtung besonders nahe.

Der Stricker: Der Sprache nach Ostfranke; hauptsächliche literarische Tätigkeit in Österreich. Der Name kann sowohl eine Berufsbezeichnung (= Seiler) als auch ein literarischer Kunstname sein (im Sinne von ›Kompositeur‹ o. ä.), ist aber ebenso als Geschlechtsname seit 1190 nachweisbar. Verfasser eines Kreuzzugsepos (*Karl der Große*; Bearbeitung des deutschen *Rolandsliedes*), eines Artusepos (*Daniel vom blühenden Tal*), eines Schwankzyklus (*Der Pfaffe Amis*) und einer großen Anzahl kleinepischer didaktischer Dichtungen. Der Stricker ist in der Forschung ein Paradebeispiel für das sehr oft zum Scheitern verurteilte Bemühen, auf Grund von formalen Kriterien zu sonst nicht beschaffbaren biographischen Daten zu kommen: die Reihenfolge seiner Werke ist nicht feststellbar, alle dahin zielenden Überlegungen sind Spekulation geblieben.

Thomasin von Zirclaria: Geboren kurz vor 1190; die Niederschrift des *Welschen Gastes* läßt sich auf Grund von Erwähnungen historischer Persönlichkeiten und Ereignisse ziemlich genau eingrenzen, als Arbeitszeit dafür gibt Thomasin selbst zehn Monate an. Er stammt aus Friaul (daher bezeichnet er sich als »welschen Fremdling«) und war im Dienst des Patriarchen von Aquileja tätig. Laut eigenen Angaben hat er weitere Werke in seiner Muttersprache verfaßt. Der *Welsche Gast* enthält neben praktischer Didaxe zur täglichen Lebensführung vor allem Erörterungen über die ethische Verantwortung feudaler (Landes-)Herrschaft, religiöse und weltliche ›Tugenden‹ sowie Anweisungen zum richtigen Verhalten in der ›Minne‹.

Vom Babst, Cardinal und von Bischoffen. Nürnberger Fastnachtspiel: Fastnachtspiele sind aus mehreren Gegenden und Städten überliefert; die Nürnberger nehmen insofern eine besondere Stellung ein, als sie von den Handwerkern aufgeführt wurden, während das Stadtpatriziat eigene Formen der Fastnachtslustbarkeiten besaß und die Spiele einer scharfen Kontrolle unterwarf. Fastnachtspiele mußten vor der Aufführung in Nürnberg eine Zensur durchlaufen, den Spielern war es z. T. verboten, Masken zu tragen (Grund: Möglichkeit der Personenidentifizierung), man besitzt Zeugnisse über Verbote von Aufführungen. – Fastnachtspiele allgemein waren für lange Zeit nahezu die einzige Form *weltlicher* Dramatik im Mittelalter; das hat dazu geführt, daß manche Stücke, ohne inhaltlich eine Verbindung zur Fastnacht aufzuweisen, allein deshalb als ›Fastnachtspiele‹ bezeichnet wurden, weil keine adäquate Gattungsbezeichnung zur Verfügung stand. Zum Themenbereich ›typischer‹ Fastnachtspiele gehören vor allem die Bereiche des Lebens, die in der auf die Fastnacht folgenden *Fastenzeit* starken Reglementierungen unterworfen waren: Essen, Trinken, Erotik.

Walther von der Vogelweide: Das einzige feste Datum aus Walthers Leben überliefert ein Ausgabenbeleg des Bischofs Wolfger von Passau, in dem festgehalten ist, daß er von diesem einen Pelzrock erhalten hat. Die Abfassungszeit vieler Lieder und Sprüche ist jedoch durch die Abfassungs*anlässe* ziemlich genau festzulegen. Walthers Geburt wird um 1170 angenommen, gestorben ist er nach 1230; einem zeitgenössischen Bericht zufolge soll sein Grab in Würzburg Mitte des 14. Jh.s noch erhalten gewesen sein. – Die überlieferten Werke Walthers umfassen nur Lyrik, und zwar Minnelieder, politische Sprüche (besonders zu den Thronstreitigkeiten in Deutschland zwischen 1198 und 1212 sowie zu den Auseinandersetzungen zwischen Papst und Kaiser), Zeitgedichte anderer Art (oft zu mehr privaten Anlässen), die sog. ›Alterselegie‹ sowie einen religiösen Leich. – Laut eigener Aussage begann Walther seine Dichterlaufbahn in Österreich, wo er vielleicht Schüler Reinmars von Hagenau (s. o.) war; vermutlich wegen Rivalitäten mit diesem Reinmar mußte er den Wiener Hof verlassen; danach war er an mehreren anderen Höfen tätig (z. B. in Thüringen, auch noch einmal in Wien) und unterstützt unter Wechsel der Fronten verschiedene Persönlichkeiten im politischen Streit der Zeit. Daß seine politische Dichtung Resonanz fand, beweist u. a. eine Kritik Thomasins (s. o.) an Walthers papstfeindlichen Stellungnahmen. – Im Alter erhielt er von Friedrich II. eine kleines Lehen (s. Text 35).

Wernher der Gartenaere: Stand des Verfassers (Adliger? Geistlicher? Fahrender?) sowie die Datierung des Werkes und seine Lokalisierung sind immer umstritten gewesen. In neuesten (allerdings noch nicht überall akzeptierten) Forschungen hat man versucht, den bisherigen weiten Datierungsrahmen – ›*nach* 1237, *vor* den neunziger Jahren des 13. Jh.s‹ – auf Grund der politischen Aktualität des Stoffes auf die Zeit nach 1284 einzugrenzen. Die Lokalisierung ›entstanden im bayrisch-österreichischen Grenzraum‹

stellt lediglich den etwas hilflosen Versuch eines Kompromisses zwischen den Zuweisungen an das bayrische Innviertel bzw. den oberösterreichischen Traungau dar.

Wolfdietrich: Das Doppelepos von Ortnit und Wolfdietrich ist in mehreren Fassungen überliefert, von denen die älteste (A) noch aus staufischer Zeit stammt (also nicht nach 1250). Die Fassung C, aus welcher der vorgelegte Ausschnitt stammt, ist nur in Bruchstücken erhalten, nach 1250 abgefaßt und wird wegen der Angaben im Prolog und der Sprache als mittelfränkisch eingeordnet.

Wolfram von Eschenbach: Lebte ungefähr zwischen 1170 und 1220. Bayer oder Ostfranke. Von den in die Diskussion eingebrachten Orten namens ›Eschenbach‹ kommen nach heutigem Forschungsstand noch zwei in Frage: Eschenbach/Oberpfalz und (wahrscheinlicher) Ober-Eschenbach in Mittelfranken (1917 umbenannt in Wolframs-Eschenbach). Neben dem *Parzival* und acht Liedern sind von Wolfram noch der unvollendete *Willehalm* (Kreuzzugsepos nach einer frz. Chanson de Geste) und Fragmente einer *Titurel*-Dichtung überliefert (strophisches Epos; berichtet von der ›tragisch‹ endenden Kinderminne zwischen Sigune und Schionatulander). – Die Orte von Wolframs literarischer Tätigkeit sind so ungeklärt wie seine Beziehungen zu Mäzenen und Auftraggebern: Die Quelle für seinen *Willehalm* hat ihm Landgraf Hermann I. von Thüringen beschafft; ob dieser auch für den *Parzival* als Auftraggeber in Frage kommt, ist (trotz Namensnennung) zweifelhaft – genauso wie Beziehungen zu den Freiherren von Durne, den Grafen von Wertheim, der Markgräfin von Cham oder einem ominösen Heinrich von Rispach (Parzival 297,29); vermutet wurden auch Aufenthalte in Österreich und der Steiermark.

Arbeitsvorschläge

Es gibt zwei Vorurteile über das Mittelalter, die scheinbar etwas Gegensätzliches aussagen: 1. »Der mittelalterliche Mensch war glücklicher.« 2. »Der mittelalterliche Mensch war naiv.« Beide Aussagen stellen aber nur zwei Seiten einer Münze dar: zu jedem der beiden Urteile kann man lediglich gelangen, wenn man literarische oder sonstige Quellen ohne Rücksicht auf ihren Gesamtzusammenhang ›sprechen‹ läßt und neuzeitliche Maßstäbe anlegt, ohne diese zu hinterfragen. Die Entscheidung für eines der beiden Urteile wird dann nur noch durch diese Maßstäbe herbeigeführt.
Die Fremdartigkeit von Textinhalten und -aussagen kann natürlich gerade im Unterricht methodisch genutzt werden, um über das Ungewöhnliche, Unverständliche, Unerwartete zu einer solchen Einordnung in Zusammenhänge zu kommen. Eine rein phänomenologische Betrachtung, nur vorsichtig gestützt von einzelnen Erläuterungen, mag sich also zu Anfang anbieten. Bevor jedoch die ›Ergebnisse‹ dieser Betrachtungsweise sich verfestigen können – das Resultat wäre mit Sicherheit eines der beiden erwähnten Urteile! –, muß die Einbettung der Texte in ihr historisches Umfeld geleistet werden. Erste Anhaltspunkte für die zu erarbeitenden Bereiche soll die Text*anordnung* der Sammlung bieten; durch sie ergeben sich folgende Themengruppen:

I. Texte 1–3: Dichtung als Mittel geistlicher Belehrung
II. Texte 4–10: Weltliche Epik
III. Texte 11–18: Minnesang und Minnesangrezeption
IV. Texte 19–21: Literatur in der Stadt
V. Texte 22–23: Formen mittelalterlicher Dramatik
VI. Texte 24–28: Themen und Anlässe
VII. Texte 29–41: Literatur›theorie‹; Kritik; Auftraggeber; Produktionsbedingungen; Bildung der Autoren
VIII. Texte 42–44: Probleme von Übersetzung und Nachdichtung

Die Themenbereiche I–VII erfordern Informationen zu folgenden Komplexen (wobei idealerweise die Zusammenarbeit mit anderen Fächern wie Geschichte, Religion, Kunst, Sozialwissenschaften anzustreben wäre):

– Karolingisches Bildungsprogramm und ›Binnenmission‹
– Geistliche Reformbewegungen
– Investiturstreit
– Kreuzzüge
– Thronstreitigkeiten nach 1198
– Ritterbegriff
– Ministerialität
– Ständeordnung
– Entwicklung und Bedeutung der Städte

Die vielschichtige Thematik verlangt sowohl im historischen als auch im literarischen Arbeitsbereich natürlich relativ große Vorgaben des Lehrers. Aus den hier abgedruckten Texten selbst können und sollen *Frage*stellungen erarbeitet werden. Die Antworten auf die Fragen allerdings sind in den Texten allein nur zum Teil enthalten; eine Vernachlässigung dieser Tatsache wäre nicht nur ›unwissenschaftlich‹, sondern würde auch ein wesentliches Lernziel gefährden, nämlich, spürbar werden zu lassen, wann und in welchem Rahmen jeweils Texte Quelle geschichtlicher und sozialgeschichtlicher ›Erfahrung‹ werden können. Didaktik und Methodik sind *Mittel;* so zu tun, als könne man durch geschickte Fragestellung alle Probleme eines Textes nur aus ihm selbst heraus klären, würde sie zum Selbstzweck erheben. Außerdem würde diese Einstellung bzw. die aus ihr resultierende Verfahrensweise alles andere als etwa die Selbständigkeit des Schülers fördern; er stünde schließlich nur staunend vor der Fähigkeit seines Lehrers, ohne deren Voraussetzungen – *nämlich die Vorkenntnisse und Zusatzinformationen* – zu durchschauen.
Noch vor einer weiteren Gefahr ist zu warnen: Geschichte und also auch Literaturgeschichte ist nicht der vielzitierte

große ›Müllhaufen‹, von dem sich jeder nehmen kann, was er gerade braucht. So vermessen und unsinnig es sicher wäre, alle mit dem Mittelalter bzw. der mittelalterlichen Literatur verbundenen Fragen im Schulunterricht klären oder auch nur thematisieren zu wollen, so wenig darf doch der Eindruck der vorhandenen Komplexität als solcher verlorengehen. Was im Rahmen von Längsschnitten legitim und sinnvoll ist, nämlich die Beschränkung auf einzelne Themen oder auch Details, das wird im isolierten Rahmen nur zum ›Ausschlachten‹.

A. Arbeitsfragen zu den einzelnen Themenbereichen

zu I

- Welche Folgen für die Literaturinhalte hat das ursprüngliche Bildungsmonopol des Klerus?
- Welcher Konkurrenz sieht sich die geistliche Literatur ausgesetzt, und wie wird dazu Stellung bezogen?
- Weshalb wird geistliche Belehrung in *dichterischer* Form geliefert? Was sagt das über die Beziehung von Autor und Publikum aus?

zu II

- Aus welchen Bereichen stammen die Inhalte weltlicher Epik?
- Welche Publikumsinteressen werden durch diese Inhalte befriedigt?
- Welche Autoreninteressen kommen zur Geltung?
- In welchem Verhältnis stehen Realität und Fiktion in den Texten? Werden für die Zeitgenossen aktuelle Probleme in die dichterische Handlung einbezogen oder sogar mitreflektiert?
- Was kennzeichnet das höfische Publikum?
- Welche inhaltlichen Traditionen verbinden den neuzeit-

lichen Roman mit der Epik? Was unterscheidet beide voneinander?

zu III

- Was trennt, was verbindet inhaltlich mittelalterliche Liebeslyrik und thematisch gleichartige neuzeitliche Lyrik?
- Wie unterscheidet sich moderne Erlebnislyrik von den hier vorgestellten Texten?
- In welchen Rollen erscheinen Frau und Mann? Wie verhält sich hier die literarische Darstellung zur Wirklichkeit? Welche Folgen kann die literarische Darstellung in diesem Punkt für die Entwicklung von Umgangsformen haben (vgl. auch Text 5)?
- Inwiefern ist Minnesang Lyrik für ›Eingeweihte‹?
- Wie reagieren zeitgenössische ›Außenstehende‹ auf das Realitätsproblem des Minnesangs? Wodurch wird diese Reaktion hervorgerufen? In welcher Tradition stehen solche Stellungnahmen?

zu IV

- Wie lassen sich die vorgestellten Texte formal und thematisch unterscheiden?
- Was ist spezifisch städtisch-bürgerlich, wo wird an schon Bestehendes angeknüpft? Wo leiten sich im zweiten Fall die Traditionen her?
- Welche speziellen Interessen werden einerseits durch das Neue, andererseits durch das Traditionelle abgedeckt?
- Wie ist das städtische, wie das höfische Publikum zusammengesetzt, und wie unterscheiden sich beide in ihrer Literaturrezeption?

zu V

- Wie unterscheiden sich die vorgestellten Texte nach Form, Zweck und von den Autoren angesprochenem Publikum?

- Was macht die Stücke jeweils für eine Theateraufführung geeignet?
- Entsprechen die Stücke den ›klassischen‹ Forderungen des 18. und 19. Jh.s an dramatische Gattungen?
- Bestehen Ähnlichkeiten zwischen der mittelalterlichen Dramatik und dem epischen Theater?

zu VI

- Zu jedem der Texte wären hier neuzeitliche Parallelen zu suchen und hinsichtlich Form und Inhalt zu vergleichen (Anstandsbücher; Zeitklage; Geschichtsschreibung; politische Lyrik; Propagandaschrifttum; Parodie und Satire).

zu VII

- Welche Bildung bringen die Autoren mit, wie und weshalb unterscheiden sie sich darin meist von ihrem Publikum? Wie wird Bildung beurteilt?
- Aus welcher Perspektive erfolgt Kunstkritik?
- Welche Unterschiede in der gesellschaftlichen Stellung der Künstler sind zu erkennen?
- Welche Wirkungen hat die soziale Stellung der Künstler auf den Inhalt der Texte?
- Wodurch sind Künstlerrivalitäten bedingt?
- Wie unterscheidet sich die Beziehung zwischen dem Autor und seinem Publikum im Mittelalter und in der Neuzeit?
- Wie sehen die Autoren ihre eigene Rolle? Wird dieses Selbstbild durch die Realität bestätigt? Welche Funktion wird der Dichtung von den Autoren unterlegt? Deckt sich diese mit den Publikumsansprüchen?

zu VIII

- Wie unterscheiden sich die einzelnen Übersetzungen in ihrer Absicht und Durchführung? Welches Interesse am Mittelalter steht jeweils dahinter?

- Welcher Art sind die semantischen Unterschiede zwischen scheinbar identischen nhd. und mhd. Begriffen wie ›êre‹, ›zuht‹, ›hübisch‹, ›phliht‹, ›reht‹, ›vrouwe‹, ›wîp‹, ›tugent‹, ›triuwe‹, ›ritter‹, ›âventiure›, ›list‹ u. a.? Wie kann man bestimmte Änderungen charakterisieren und kategorisieren?
  (Hier sind auch andere Textbeispiele der Ausgabe als Fundstellen hinzuzuziehen.)
- Welche Möglichkeiten ergeben sich, die Übersetzungen der Texte 1–40, die vom Herausgeber erstellt wurden, neu zu formulieren?

Die einzelnen Themengruppen sind nicht hermetisch abgeschlossen; übereinstimmende oder ähnliche Fragestellungen können (und sollten!) wiederholt herangezogen werden – zumal dann, wenn von vornherein nicht die Behandlung aller Themen möglich ist.

B. *Arbeitsfragen zu einzelnen Texten* (zur Vor- und Nachbereitung der Themenkomplexe; auch hier können Fragen für andere Texte übernommen werden)

Text 1

- Welche Aufgaben, welche Wirkung hat für Otfried Literatur? (Autonomieproblem!)
- Wie werden poetische Regeln bewertet?
- Wonach wählt Otfried seinen Stoff aus?
- Wie ist zu beurteilen, daß die Überschrift lateinisch abgefaßt wurde?
- Welchem besonderen Konkurrenzverhältnis ist nach Otfried die fränkische Sprache gegenüber dem Hebräischen, Griechischen und Lateinischen ausgesetzt?

Text 2

- An welches Publikum richtet sich der Text?
- Woraus leitet der Verfasser seine dichterische Tätigkeit ab?

Text 3

- Inwieweit hat sich bei Heinrich von Melk der Aufgabenbereich der Literatur erweitert?
- Weshalb werden Formen weltlicher Kultur abgelehnt?
- Zu welchen Interessenkollisionen mit dem weltlichen Adel muß es infolge solcher Forderungen kommen? Inwiefern sind diese Unterschiede nicht nur im subjektiven Wollen beider Seiten begründet?

Text 4

- Wie sind die stereotypen Formulierungen zu erklären und zu bewerten?
- Welche Publikumsinteressen kommen zur Geltung?

Text 5

- Welche Informationen über den adligen Ehrenkodex enthält der Text? Wie verhält sich die Realität der Zeit dazu?
- Welche Personen handeln, welche Personen sind von der Handlung betroffen, welche als dafür verantwortlich dargestellt?
- Wie und wozu wird im Text das Stilmittel des Duzens und ›Ihrzens‹ eingesetzt?
- Nach welchem Schema wird die Handlung in Gang gesetzt?

Text 6

- Wie ist Kalogrenants âventiure-Definition zu interpretieren? Wie erscheint der âventiure-Begriff in anderen Texten, welches Bedeutungsspektrum hat er?
- Was wird vom Autor mit der Frage des ›Waldmannes‹ bezweckt? Welche Wirkung wird diese Frage auf das Publikum haben?
- Welche Funktion haben die unrealistischen Elemente?
- Nach welchem Schema wird die Handlung in Gang gesetzt?
- Welche Bestandteile des ritterlichen Ehrenkodex werden thematisiert? Wie verhält sich die Realität dazu?

Text 7

- Welche Bedeutung(en) hat der Begriff ›tavelrunder‹ in diesem Text?
- Welche Bedeutung hat die Form der Tafelrunde? Was sagt das über das Verhältnis der Mitglieder zueinander aus? Welche realen Verhältnisse der Zeit stehen diesem literarischen Verhältnis gegenüber?
- Welche Bedeutung hat nach der Textstelle die âventiure für den Artushof?
- Welche Funktion haben die in den Schlußversen erwähnten zusätzlichen Gäste?

Text 8

- Welche Bestandteile der zeitgenössischen Realität werden im Text mit thematisiert? Wie verträgt sich ihre Einbeziehung mit dem literarischen Stoff?
- Wodurch ist die Ansiedelung des Stoffes in Frankreich begründet? (Bezüglich der Quellenfrage sind andere Texte einzubeziehen.)
- Welche Bedeutung hat Gahmurets Entscheidung gegen das »bequeme Leben« auf dem Hintergrund der Diskus-

sion über Verfasser und Zielpublikum der höfischen Epik?

- Wie ist die Problemlosigkeit zu erklären, mit der Wolfram die Dienstnahme Gahmurets bei einem Heiden schildert? Welche Veränderungen in der mittelalterlichen Weltanschauung setzt die Darstellung voraus?

Text 9

- Welches Bildungsideal wird beschrieben? Auf welche späteren Funktionen des Erzogenen hin sind die Bildungsinhalte angelegt? Stehen diese Inhalte mit den Erfordernissen der Realität in Übereinstimmung?
- Welche Bestandteile der Erziehung könnten auf eine stadtbürgerliche Weltanschauung des Autors hindeuten?

Text 10

- Was steht hinter dem Bestreben, funktionale Handlungen (einfache Zubereitung des Wildes) durch künstlich verkomplizierte und streng reglementierte Verfahren zu ersetzen? Bieten sich Vergleiche mit heutigen Fachterminologien und Verhaltensweisen an?
- Welches Publikum wird durch Schilderungen dieser Art angesprochen?
- Wie stellt sich der Autor indirekt selbst dar, wenn er solche Schilderungen liefert?
- Wie erscheinen die Mitglieder der Hofgesellschaft in ihrem Verhältnis zueinander und zur Außenwelt?
- Welche Bedeutung hat in diesem Text der Begriff ›Kunst‹?
- Wie unterscheidet sich die Reaktion auf das ›Fremde‹ in diesem Text von der im *Herzog Ernst* geschilderten? Wodurch sind die Unterschiede bedingt?

Texte 11 a/b

- Wodurch wird das Publikum indirekt einbezogen?
- Wie ist die Ernsthaftigkeit der ›Rezepte‹ Sevelingens zu beurteilen?

Text 12

- Worin sieht der ›Sänger‹ hier die Bedeutung seiner Liebe zur vrouwe? (Es bieten sich Vergleiche mit neuzeitlicher Liebeslyrik an.)

Text 13

- Wie setzt Fenis die Naturtopoi des Minnesangs ein?
- Welche Stellung hatten die Frauen der verschiedenen Stände im Mittelalter? Welches Bild von dieser Stellung wird in Str. 2 entwickelt? Wie sind die Unterschiede zu erklären?

Text 14

- Zum literarischen Topos kann nur werden, was zumindest einer allgemeinsten Verständigungsbasis entspricht: Wodurch wird diese im Fall der stereotypen Charakteristik ›Winter = traurig‹, ›Sommer = heiter‹ beim mittelalterlichen Publikum geschaffen?

Text 15

- Wie unterscheidet sich die vermutliche Wirkung des Kaisertopos in diesem Text von der in Rugges ›Nâch vrouwen schoene‹ (Text 14)?
- Welche Folgerungen sind aus der Verfasserschaft Heinrichs zu ziehen?

Text 16

- Der Minnesang war eine für den öffentlichen Vortrag gedachte Kunstform. Besungen wird die jeweils erste Dame des Hofes. Wie ist die im Text dargelegte Situation, wie ist das Motiv der ›huote‹ einzuordnen?

Text 17

- Wodurch wird in der Strophe der traditionelle Rahmen des ›Hohen‹ Minnesangs teilweise verlassen?

Text 18

- Welche Versatzstücke des Minnesangs greift Stricker auf?
- Für welche Publikumsschichten kann der Text gedacht sein? Was wird beim Publikum vorausgesetzt?
- Welche Funktionen weist Stricker der huote und den merkaeren zu?
- Welcher Wirkmittel bedient sich der Autor?
- In welchem Begriff faßt er sein ›Feindbild‹ zusammen?

Text 19

- Wie baut Konrad seinen Text auf? Welche Wirkmittel setzt er ein?
- Wie ist zu interpretieren, daß eine historische Person (Wirnt von Grafenberg) als Held der Erzählung erscheint?
- In welcher Tradition steht der Text?

Text 20

- Wie ›vertragen‹ sich Vorrede und Epilog?
- Welche Inhalte sind bürgerlich, welche nicht? In welchem Verhältnis stehen die Bestandteile zueinander?
- Wirkt die Moral des Textes aufgesetzt?

Text 21

- Welche Interessen werden artikuliert? Wo sind diese Interessen soziologisch anzusiedeln?
- Weshalb wird der letzte Akteur als ›Narr‹ bezeichnet?
- Wie sind seine Überlegungen zu bewerten?
- Wie ist zu interpretieren, daß ein Fastnachtspiel solche Inhalte präsentiert?

Text 22

- Auf welche traditionelle Funktion von Literatur deutet der Prolog hin?
- Aus welchen stofflichen Elementen setzt sich das Spiel zusammen? Der lateinische Text steht in der Handschrift nur stichwortartig und wurde vom Herausgeber ergänzt: Worauf läßt die Stichworthaftigkeit bezüglich der Verfasser und Spieler schließen?
- Wie läßt sich erklären, daß die Stellung der Kirche im Mittelalter zum geistlichen Spiel uneinheitlich war?
- Welche Publikumsinteressen werden angesprochen?
- Welche Stellen deuten auf eine Aufführungssituation hin?

Text 23

- Was macht das Stück für eine Aufführung geeignet?
- Welche Rolle spielen die ›Bauern‹? (Vor einer Behandlung dieser Frage sind Informationen über das literarische Bauernbild, seine Entwicklung im Mittelalter und über den Anteil der Bauern an der Bevölkerung Nürnbergs im 15. Jh. einzubringen.)

Text 24

- Welche Möglichkeiten und Grenzen politischer Lyrik im Mittelalter werden in diesem Spruch deutlich?

Text 25

- Wie ist zu erklären, daß hier Benimmregeln in dichterischer Form präsentiert werden?
- Womit werden die Vorschriften begründet? Wo unterscheiden sich die Argumente von heutigen, wo nicht? Wie sind Unterschiede und Gemeinsamkeiten zu erklären?

Text 26

- Welches Bild von den Heiden wird gezeichnet?
- Welche zeitgenössischen Ereignisse können darauf Einfluß genommen haben, welche stehen in Widerspruch dazu?

Text 27

- Mit welchen stilistischen Mitteln wird die Kontrastierung von ›früher‹ und ›heute‹ durchgeführt?
- Wie sind die Unterschiede in den folgenden Interpretationen zu erklären und zu beurteilen:

  Neumann, F.: Meier Helmbrecht. In: WW 2 (1951/52) S. 196 ff.

  Seitz, D.: Helmbrecht. In: Literatur in der Schule. Bd. I. Mittelalterliche Texte im Unterricht. Hrsg. von H. Brackert [u. a.]. München 1973. S. 113 ff.

  Schindele, G.: Helmbrecht. In: Literatur im Feudalismus. Hrsg. von D. Richter. Stuttgart 1975. S. 131 ff.

  Wenzel, H.: »Helmbrecht« wider Habsburg. In: Euphorion 71 (1977) S. 230 ff.

  (Ein Vergleich dieser Darstellungen eignet sich auch für eine Einführung in Methodenprobleme der Altgermanistik.)

Text 28

- Wie ist die Vorrede zu interpretieren?
- Mit welchem Hauptwirkmittel arbeitet der Verfasser im Erzählteil? (Hier könnten literarische Frauenbeschreibungen aus verschiedenen Epochen zum Vergleich herangezogen werden.)

Text 29

- Wie unterscheidet sich die soziale Stellung Konrads von der Veldekes und Walthers?
- Welche zusätzlichen Informationen über den mittelalterlichen Literaturbetrieb enthält der Text?
- Wie ist Konrads Vorgehen zu erklären, vor der deutschen Übersetzung eine solche ins Lateinische vorzunehmen?

Text 30

- Welche Bedingungen der literarischen ›Szene‹ des 12. Jh.s begründen den relativ großen Aufwand für den hier geschilderten Buchdiebstahl?
- Welche Aussagen macht der Text darüber, unter welchen Bedingungen Literatur im 12. Jh. entsteht (vgl. Texte 29, 35, 39)? Wie entwickeln sich diese Bedingungen?

Text 31

- Hartmann führt für das Entstehen seiner Dichtung sehr individuelle Gründe an. Wie ist dies auf dem Hintergrund der Produktionsbedingungen für Literatur im Mittelalter zu bewerten?

Texte 32, 33, 34

- Unterscheiden sich die Gründe der literarischen Rivalität Walther–Reinmar von denen ähnlicher Erscheinungen in der heutigen Zeit?

- Auf welche Reinmar-Stellen nimmt Walther direkt Bezug?
- Wie baut Walther seine Argumentation auf?

Text 35

- Welche Auswirkungen auf die Inhalte von Literatur haben die von Walther beschriebenen Abhängigkeitsverhältnisse? Wie sehen solche Abhängigkeiten im Fall des anonymen Buchmarktes unserer Zeit aus?
- Welche Bedeutung(en) hatte die Literatur im Mittelalter für Autoren und Rezipienten? Wo sind Vergleiche mit heute möglich, wie fallen diese Vergleiche aus?
- Vergleichen Sie Darstellungen Walthers in verschiedenen Literaturgeschichten! Inwieweit kommen darin Aspekte zur Geltung, wie sie hinter den oben gestellten Fragen stehen?

Text 36

- Wie bewertet Wolfram die Stellung des Dichters?
- Gegen wen richtet sich seine Kritik?

Text 37

- Können die Urteile Gottfrieds über Hartmann und Wolfram anhand der in dieser Auswahl vorgestellten Textausschnitte nachvollzogen werden (Texte 5, 6, 7, 8, 31, 36, 44)? Wie ist Gottfried hier selbst nach seinen eigenen Kriterien einzuordnen (Texte 9, 37)?
- Wie unterscheiden sich Gottfrieds Anforderungen an die Dichtung vom Geschmack späterer Epochen?
- Wozu wird die Kenntnis der Antike benutzt?

Text 38

– Welche Änderungen im Literaturbetrieb setzt die von Stricker beklagte ›Neuerungssucht‹ des Publikums voraus?
– Welchen angeblichen oder tatsächlichen Funktionswandel der Literatur beschreibt Stricker?
– Läßt sich beweisen, daß Stricker zu tatsächlichen Entwicklungen seiner Zeit Stellung nimmt?
– Worin liegt nach Stricker das Ungewöhnliche seiner Themenwahl? Ist sein Mißtrauen gegenüber kritischen Stimmen als rhetorisch zu bewerten? (Vgl. auch Text 40.)

Text 39

– Welche Gründe stehen hinter einer Einbeziehung solcher Berichte in ein Epos?
– Welche literaturfördernden Gruppen/Schichten/Stände lassen sich aus der Darstellung erschließen?
– Was wird über die Gründe der Wertschätzung von Literatur direkt und indirekt ausgesagt?

Text 40

– Vgl. die Fragen zu Text 38.

Literaturhinweise

1. Ausgaben der aufgenommenen Autoren und Texte

Albrecht von Johansdorf. In: Des Minnesangs Frühling. Nach K. Lachmann, M. Haupt u. F. Vogt neu bearbeitet von C. von Kraus. 32. Aufl. Leipzig 1959.

Der Arme Hartmann. In: Die religiösen Dichtungen des 11. und 12. Jahrhunderts. Hrsg. von F. Maurer. Bd. 2. Tübingen 1965.

Dietmar von Eist. In: Des Minnesangs Frühling (s. o.).

Hans Folz (?): Der Bauernhandel. In: Fastnachtspiele aus dem 15. Jahrhundert. Hrsg. von A. von Keller. Bd. 1. Nachdruck Darmstadt 1965.

Gottfried von Straßburg: Tristan. Hrsg. von F. Ranke. Neudruck Berlin u. Frankfurt a. M. 1949.

Hartmann von Aue: Der arme Heinrich. Hrsg. von H. Paul. 8. Aufl. von A. Leitzmann. Halle 1948.

Hartmann von Aue: Erec. Hrsg. von A. Leitzmann. Halle 1939.

Hartmann von Aue: Iwein. Hrsg. von F. Benecke u. K. Lachmann. 5. Aufl. von L. Wolff. Berlin 1926.

Heinrich von Melk. In: Die religiösen Dichtungen (s. o.), Bd. 3. Tübingen 1970.

Heinrich von Morungen. In: Des Minnesangs Frühling (s. o.).

Heinrich von Rugge. In: Des Minnesangs Frühling (s. o.).

Heinrich von Veldeke: Eneit. Hrsg. von L. Ettmüller. Leipzig 1852.

Heinrich Wittenwiler: Der Ring. Hrsg. von E. Wiessner. Darmstadt 1973.

Herzog Ernst (B). Hrsg. von K. Bartsch. Wien 1896.

Innsbrucker Osterspiel. In: E. Hartl, Das Drama des Mittelalters. Bd. 2. Leipzig 1937.

Kaiser Heinrich. In: Des Minnesangs Frühling (s. o.).

Heinrich Kaufringer: Das Schädlein. In: Heinrich Kaufringers Gedichte. Hrsg. von K. Euling. Tübingen 1888.

Konrad von Würzburg: Herzmaere. In: Kleinere Dichtungen Konrads von Würzburg. Hrsg. von E. Schröder. Bd. 1. 3. Aufl. Berlin 1959.

Konrad von Würzburg: Der Welt Lohn. In: Kleinere Dichtungen Konrads von Würzburg (s. o.), Bd. 1.

Meinloh von Sevelingen. In: Des Minnesangs Frühling (s. o.).

Otfried von Weißenburg. Hrsg. von O. Erdmann u. E. Schröder. 3. Aufl. von L. Wolff. Tübingen 1957.

Reinmar von Hagenau. In: Des Minnesangs Frühling (s. o.).

Das Rolandslied des Pfaffen Konrad. Hrsg. von C. Wesle. 2. Aufl. bes. von P. Wapnewski. Tübingen 1967.

Rudolf von Fenis. In: Des Minnesangs Frühling (s. o.).

Der Stricker: Die Frauenehre. In: Die Kleindichtung des Strickers. Hrsg. von W. W. Moelleken [u. a.]. Bd. 1. Göppingen 1973.

Der Stricker: Karl der Große. Karl der Große von dem Stricker. Hrsg. von K. Bartsch. Neudruck mit einem Nachwort von D. Kartschoke. Berlin 1965.
Der Stricker: Die Minnesänger. In: Die Kleindichtung des Strickers (s. o.), Bd. 5. Göppingen 1978.
Thomasin von Zirclaria: Der welsche Gast. Hrsg. von H. Rückert. Nachdruck Berlin 1965.
Vom Babst, Cardinal und von Bischoffen. In: Fastnachtspiele, (s. o.), Bd. 2.
Walther von der Vogelweide: Die Gedichte Walthers von der Vogelweide. Hrsg. von K. Lachmann. 13. Aufl. von H. Kuhn. Berlin 1965.
Wernher der Gartenære: Meier Helmbrecht. Hrsg. von F. Panzer. 6. Aufl. von K. Ruh. Tübingen 1960.
Wolfdietrich (C). Hrsg. von A. Holtzmann. Heidelberg 1865.
Wolfram von Eschenbach: Parzival. Hrsg. von K. Lachmann. 6. Aufl. von E. Hartl. Berlin 1926.

2. *Ausgaben der aufgenommenen Übersetzungen*

Hartmann von Aue: Iwein. Urtext und Übersetzung. Übers. von Th. Cramer. 2., erg. Aufl. Berlin u. New York 1974.
Saran, F. u. B. Nagel: Das Übersetzen aus dem Mittelhochdeutschen. Tübingen 1964. (Hartmann von Aue: Iwein.)
Das Nibelungenlied. Mhd. Text und Übertragung. Hrsg. u. übers. von H. Brackert. Bd. 1. 7. Aufl. Frankfurt a. M. 1979.
Das Nibelungenlied. Übers. von G. O. Marbach. Leipzig 1840.
Das Nibelungenlied. Mhd. und übertr. von K. Simrock. Hrsg. von A. Heusler. Berlin o. J.
Die Gedichte Walthers von der Vogelweide. Urtext mit Prosaübersetzung von H. Böhm. 3. Aufl. Berlin 1964.
Rühmkorf, P.: Walther von der Vogelweide, Klopstock und ich. 2. Aufl. Reinbek 1976.
Walther von der Vogelweide: Gedichte. Mhd. Text und Übertragung. Hrsg. u. übers. von P. Wapnewski. 7., überarb. Aufl. Frankfurt a. M. 1971. (Hier im Anhang die Ubersetzung von P. Hase.)
Walther von der Vogelweide: liebsgetön. Nachdichtungen von Karl Bernhard. Wiesbaden u. München 1976.

3. *Für die Schule empfehlenswerte vollständige Textausgaben mit nhd. Übersetzung*

Althochdeutsche Literatur. Hrsg. u. übers. von H. D. Schlosser. Frankfurt a. M. 1989. (Fischer TB 6889.)
Althochdeutsche poetische Texte. Hrsg. u. übers. von K. A. Wipf. Stuttgart 1992 u. ö. (Reclams UB Nr. 8709.)
Das Annolied. Hrsg. u. übers. von E. Nellmann. Stuttgart 1975 u. ö. (Reclams UB Nr. 1416.)

Archipoeta: Lieder. Übers. von K. Langosch. Stuttgart 1965 u. ö. (Reclams UB Nr. 8942.)

Deutsche Gedichte des Mittelalters. Hrsg. u. übers. von U. Müller. Stuttgart 1993 u. ö. (Reclams UB Nr. 8849.)

Deutscher Minnesang. Hrsg. von F. Neumann. Nachdichtung von K. E. Meurer. Stuttgart 1954 u. ö. (Reclams UB Nr. 7857.)

Frauenlieder des Mittelalters. Hrsg. u. übers. von I. Kasten. Stuttgart 1990 u. ö. (Reclams UB Nr. 8630.)

Friedrich von Hausen: Lieder. Hrsg. u. übers. von G. Schweikle. Stuttgart 1984 u. ö. (Reclams UB Nr. 8023.)

Gottfried von Straßburg: Tristan. Hrsg. u. übers. von R. Krohn. Bd. 1,2: Text; Bd. 3: Kommentar, Nachw. u. Register. Stuttgart 1980 u. ö. (Reclams UB Nr. 4471, 4472, 4473.)

Hartmann von Aue: Der arme Heinrich. Hrsg. von R. Rautenberg, übers. von S. Grosse. Stuttgart 1993 u. ö. (Reclams UB Nr. 456.)

Hartmann von Aue: Der arme Heinrich. Übers. von H. Henne. 8. Aufl. Frankfurt a. M. 1994. (Fischer TB 6488.)

Hartmann von Aue: Erec. Hrsg. u. übers. von Th. Cramer. 17. Aufl. Frankfurt a. M. 1995. (Fischer TB 6017.)

Hartmann von Aue: Gregorius. Übers. von B. Kippenberg. Stuttgart 1959 u. ö. (Reclams UB Nr. 1787.)

Heinrich von Morungen: Lieder. Hrsg. u. übers. von H. Tervooren. Stuttgart 1975 u. ö. (Reclams UB Nr. 9797.)

Heinrich von Veldeke: Eneasroman. Hrsg. u. übers. von D. Kartschoke. Stuttgart 1986 u. ö. (Reclams UB Nr. 8303.)

Herzog Ernst. Hrsg. u. übers. von B. Sowinski. Stuttgart 1970 u. ö. (Reclams UB Nr. 8352.)

Johannes von Tepl: Der Ackermann und der Tod. Übers. von F. Genzmer. Stuttgart 1984 u. ö. (Reclams UB Nr. 7666.)

Kudrun. Übers. von B. Sowinski. Stuttgart 1995 u. ö. (Reclams UB Nr. 466.)

Minnesang. Mittelhochdeutsche Texte mit Übertragung und Anmerkungen. Hrsg. von H. Brackert. 5. Aufl. Frankfurt a. M. 1993. (Fischer TB 6485.)

Neidhart von Reuental: Lieder. Hrsg. u. übers. von H. Lomnitzer. Stuttgart 1966 u. ö. (Reclams UB Nr. 6927.)

Das Nibelungenlied. Hrsg. u. übers. von H. Brackert. 2 Bde. 21., 19. Aufl. Frankfurt a. M. 1994, 1995. (Fischer TB 6038, 6039.)

Oswald von Wolkenstein: Lieder. Hrsg. u. übers. von B. Wachinger. Stuttgart 1967 u. ö. (Reclams UB Nr. 2839.)

Otfrid von Weißenburg: Evangelienbuch. Hrsg. u. übers. von G. Vollmann-Profe. Stuttgart 1987 u. ö. (Reclams UB Nr. 8384.)

Reinmar: Lieder. Hrsg. u. übers. von G. Schweikle. Stuttgart 1986 u. ö. (Reclams UB Nr. 8318.)

Der Stricker: Erzählungen, Fabeln, Reden. Hrsg. u. übers. von O. Ehrismann. Stuttgart 1992 u. ö. (Reclams UB Nr. 8797.)

Tagelieder des deutschen Mittelalters. Hrsg. u. übers. von M. Backes. Stuttgart 1992 u. ö. (Reclams UB Nr. 8831.)

Walther von der Vogelweide: Gedichte. Hrsg. u. übers. von P. Wapnewski. 22. Aufl. Frankfurt a. M. 1995. (Fischer TB 6052.)
Walther von der Vogelweide: Werke. Gesamtausgabe. Hrsg. u. übers. von G. Schweikle. Bd. 1: Spruchlyrik. Stuttgart 1994 u. ö. (Reclams UB Nr. 819.)
Wernher der Gärtner: Helmbrecht. Hrsg. u. übers. von F. Tschirch. Stuttgart 1974 u. ö. (Reclams UB Nr. 9498.)
Wolfram von Eschenbach: Parzival. Übers. von W. Spiewok. 2 Bde. Stuttgart 1981 u. ö. (Reclams UB Nr. 3681, 3682.)

4. Literatur zur Frage ›Literatur älterer Sprachstufen im Schulunterricht?‹; speziell für den Schulunterricht aufbereitete Textinterpretationen

Abels, K.: Der Deutschunterricht und das Mittelalter. In: LWU 3 (1970) S. 187 ff., 259 ff.
Becker, H. J.: Mittelhochdeutsche Epik auf der Unterstufe. In: DU 21 (1969) H. 6, S. 45 ff.
Berg, B. u. O. Ehrismann: Nibelungenlied im Unterricht. In: WW 27 (1977) H. 5, S. 293.
Blitz, G.: H. R. Jauß: ›Übersicht über die kleinen Gattungen der exemplarischen Rede im Mittelalter‹. Vorschlag zur Verwendung dieses Systematisierungsversuchs im Unterricht der Sekundarstufen I und II. In: DU 30 (1978) H. 6, S. 139 ff.
Bona, K.: Die altdeutsche Dichtung im Unterricht. Frankfurt a. M. 1964.
Brackert, H.: Was still macht. Wie Schülern altdeutsche Dichtung angeboten wird. In: FAZ 12. 11. 1968.
Brinkmann, H.: Dichtung des Mittelalters im Deutschunterricht. In: WW 7 (1956/57) H. 4, S. 236 ff.
Burg, U. von der: ›Sprich ein wort nâch unserm site.‹ Überlegungen zu einer Unterrichtsreihe über Sprachbarrieren in älteren Texten (Jahrgangsstufe 13). In: DU 4 (1977) H. 1, S. 16 ff.
Busch, E.: Das Nibelungenlied im Unterricht. In: DU 5 (1953) H. 6, S. 29 ff.
Cramer, Th.: Die Funktion der Altgermanistik für die Ausbildung des Deutschlehrers. In: Jb. f. Int. Germanistik VI (1974) H. 1, S. 72 ff.
Ehrismann, O.: Kritische Pluralität. Bemerkungen zu mediävistischen Unterrichtskonzepten. In: WW 25 (1975) H. 6, S. 385 ff.
Essen, E.: Gegenwärtigkeit mittelhochdeutscher Dichtung im Deutschunterricht. Heidelberg 1967.
Essen, E.: Zehn Thesen über mittelhochdeutsche Texte im Schulunterricht. In: Literatur in Studium und Schule. Loccum 1970. (Loccumer Kolloquium 1.) S. 92 ff.
Gaier, U.: Thesenreihe zur älteren Germanistik an Universität und Schule. In: Literatur in Studium und Schule. Loccum 1970. (Loccumer Kolloquium 1.) S. 82 ff.

Gail, A.: »Nibelungennot« und »Nibelungentreue« im Deutschunterricht? In: WW 3 (1952/53) H. 6, S. 228 ff.
Gerlach K.: Die Behandlung mittelalterlicher Spiele. In: DU 9 (1957) H. 2, S. 99 ff.
Gulde, H.: Beobachtungen bei der Behandlung mittelalterlichen Schrifttums. In: DU 5 (1953) H. 6, S. 5 ff.
Halbach, K. H.: Frühdeutsche Lyrik und Epik in Übersetzung. In: DU 9 (1957) H. 2, S. 108 ff.
Heise, U.: Die Interpretation mittelhochdeutscher Dichtung im Bildungsplan der höheren Schulen. In: DU 8 (1956) H. 1, S. 5 ff.
Jentzsch, P. u. B. Wachinger (Hrsg.): Gegenwart und Mittelalter. 2 Bde. (Schülerbuch u. Lehrerbd.) Frankfurt a. M. 1979, 1980.
Jöckel, W.: Illusionäre Verbrüderung mit der Vergangenheit. In: DD Sonderband: Ideologiekritik im Deutschunterricht. Frankfurt a. M. 1972. S. 141 ff.
Karst, Th.: Politisch-soziale Gedichte. Beispiele zu einem thematischen Längsschnitt vom Mittelalter bis zur Gegenwart. In: DU 19 (1967) H. 4, S. 64 ff.
Kleiner, A.: Einführung einer 9. Klasse in mittelhochdeutsche Sprache, Dichtung und Lebenshaltung. In: DU 21 (1969) H. 6, S. 62 ff.
Koch, K.-H.: Altes Sigurdlied und Altes Atlilied im Unterricht. In: DU 8 (1956) H. 1, S. 62 ff.
Kranz, G.: Die Behandlung der Mystik als Beitrag zur religiösen Erziehung. In: DU 16 (1964) H. 5, S. 76 ff.
Kranz, G.: Meister Eckhart in Klasse 11. In: DU 16 (1964) H. 5, S. 88 ff.
Laage, K. E.: »Halmorakel«. Ein Beitrag zur Behandlung eines Minneliedes. In: WW 10 (1960) H. 5, S. 302 ff.
Ludwig, E.: Wolframs von Eschenbach »Parzival« auf der Oberstufe. In: DU 5 (1953) H. 6, S. 57 ff.
Maas, H.: Die altdeutsche Dichtung im modernen Deutschunterricht. In: Blätter für den Deutschlehrer 14 (1970) H. 4, S. 110 ff.
Matthes, I.: Vorzüge und Problematik des literarischen Längsschnitts. Deutsche Liebeslyrik zwischen dem 12. und 20. Jahrhundert. Ein Lehrgang in Klasse 12. In: DU 27 (1975) H. 4, S. 49 ff.
Maurer, F.: Tradition und Erlebnis im deutschen Minnesang um 1200. In: DU 19 (1969) H. 2, S. 5 ff.
Mehrhoff, H.: Der Ackermann von [sic!] Böhmen. Ein Unterrichtsversuch mit Hilfe der Schallplatte. In: DU 16 (1964) H. 5, S. 88 ff.
Meinel, H.: Das altnordische Germanentum und die »Edda« im Deutschunterricht der Obersekunda. In: DU 5 (1953) H. 6, S. 14 ff.
Meves, U.: Bauernkriegsliteratur im bundesdeutschen Lesebuch der Gegenwart. In: WW 30 (1980) H. 5, S. 323.
Mißfeldt, F.-E.: Die Mystik in der Obersekunda. In: DU 9 (1975) H. 2, S. 70 ff.
Mittelalterliche Texte im Unterricht. Hrsg. von H. Brackert, H. Christ u. H. Holzschuh. 2 Bde. München 1973, 1976. [Darin behandelt: »Nibelungenlied«, »Helmbrecht«, Hugo von Trimbergs »Renner«, Strickers »Erzwungenes Gelübde«, Ruprecht von Würzburgs »Von zwei Kaufleuten«, Politische Sprüche Walthers, Kreuzzugslyrik und Minnesang, Minnesang allg.]

Moser, H.: Zu den beiden Lautverschiebungen und ihrer methodischen Behandlung. In: DU 6 (1954) H. 4, S. 56 ff.
Naumann, H.: Altdeutsche Dichtung – ohne Lesebuch? In: WW 11 (1961) H. 1, S. 48 ff.
Ross, W.: Der Streit der Königinnen. Eine Anregung für den Unterricht. In: WW 5 (1954/55) H. 6, S. 356 ff.
Schneider, J.: Mittelhochdeutsche Liebeslyrik im Schulunterricht. Göppingen 1978.
Schobel, H.: Reste alten Sprachgebrauchs in neuerer Zeit. In: DU 15 (1963) H. 1, S. 77 ff.
Sitta, H.: Linguistische Methoden im altgermanistischen Unterricht. In: WW 22 (1972) H. 1, S. 40 ff.
Sitte, E.: Über die Verwendung von kunstgeschichtlichen Parallelen im Deutschunterricht. Das ritterlich-höfische Menschenbild in Gedicht und Plastik. In: DU 7 (1955) H. 6, S. 20 ff.
Stamer, U.: Stundenblätter Literatur des Mittelalters. Stuttgart 1979.
Stollenwerk, Th.: Deutsche Marienlyrik im Deutschunterricht der Oberstufe. In: DU 16 (1964) H. 5, S. 57.
Weber, H.: Älteste deutsche Dichtung im Unterricht. In: Anregung 16 (1970) S. 14 ff.
Wunderlich, W.: »Allez daz ir habt vernomen, daz ist gar ein wint . . .«? Ein heuristischer Versuch zur Didaktik mittelalterlicher Literatur. In: WW 30 (1980) H. 4, S. 267 ff.
Zitzmann, R.: »Der arme Heinrich« Hartmanns von Aue im Unterricht der höheren Schule. In: WW 14 (1964) H. 1, S. 35 ff.

Für die Behandlung einzelner Themengruppen bieten sich als Orientierung folgende Sammlungen an:

- WW Sammelband 2: Ältere Deutsche Sprache und Literatur. Düsseldorf 1963.
- DU 5 (1953) H. 6 / 8 (1956) H. 1 / 9 (1957) H. 2 / 11 (1959) H. 2 / 14 (1962) H 6 / 17 (1965) H. 2 / 19 (1967) H. 2 / 20 (1968) H. 2.

Eine Lektüre dieser Sammlungen bietet gleichzeitig einen Einblick in die Veränderungen (oder Nicht-Veränderungen!) des Zugangs zu den jeweiligen Themenbereichen. Insofern weisen sie, genau wie manche der oben aufgeführten Einzeldarstellungen, in jedem Fall ein beträchtliches heuristisches Potential im methodischen Bereich auf – dies auch und oft gerade dann, wenn die inhaltlichen Aussagen neueren Ansprüchen an Lernziele nicht mehr entsprechen.